AF599914

Johannes Vogt y Felicitas Horstschäfer ya han pasado por unas cuantas heridas y lesiones: Johannes se rompió un brazo jugando a hacer de Tarzán, Felicitas se hizo un corte en una aleta nasal haciendo surf. El brazo de Johannes ya se curó y a Felicitas, en cambio, le ha quedado una cicatriz en la nariz. Querían saber cómo sucede eso de curarse. Y cuando quieren saber algo, les encanta hacer un libro sobre el tema, justo el que tienes ahora en tus manos.

En este libro se explican diferentes procesos curativos a partir de varios ejemplos posibles. Dado que las heridas pueden ser de muy diversos tipos, también su tratamiento puede cambiar mucho según el caso. Así que hay muchas otras posibilidades de tratamiento que no se han incluido en este libro. Los contenidos han sido rigurosamente documentados y se refieren específicamente a las situaciones imaginadas.

Título original: *AUA! Ein Buch über den Körper, Verletzungen und Gesundwerden*
Idea, texto, diseño del interior y cubierta así como ilustraciones: Johannes Vogt y Felicitas Horstschäfer
Traducción del alemán: Patric de San Pedro
Corrección: Sara Nicolás
Primera edición en castellano: septiembre de 2024

www.takatuka.cat
Maquetación: Voltadisseny
Impreso en Novoprint, España
ISBN: 978-84-18821-91-2
Depósito legal: B. 15604-2024

La traducción de esta obra ha recibido una ayuda del Goethe-Institut con fondos procedentes del Ministerio de Asuntos Exteriores de Alemania

Johannes Vogt y Felicitas Horstschäfer

Un libro sobre el cuerpo,
las heridas y cómo
nos curamos

Cómo te curas

Nuestro cuerpo sabe hacer algo extraordinario: muchas veces puede repararse a sí mismo, es decir, es capaz de curarse. Por suerte. Imagina qué aspecto tendrías si no fuera así, si no hubieran desaparecido todos los arañazos, heridas sangrantes o fracturas que tal vez ya te hayas hecho. ¡Parecerías un zombi o una momia!

Tu cuerpo está permanentemente ocupado renovando muchas de sus partes a la vez. Cuando nos herimos, enseguida se pone en marcha: detiene la hemorragia, cierra las heridas y suelda los huesos rotos. ¡Y lo hace él solito! No siempre sabemos con exactitud cómo lo logra, pero sí sabemos que lo hace muy bien.

A menudo solo podemos observar y ayudar un poquito, por ejemplo, limpiando una herida o tomándonos un descanso. Pero a veces necesitas un médico que le eche una mano a tu cuerpo. Si se da el caso de que una herida es demasiado grande para que se cure sola, hace falta coserla. O puedes necesitar un yeso para que tu pierna rota vuelva a unirse correctamente.

Seguro que te has hecho daño en alguna ocasión. Puede que sea algo parecido a los ejemplos que te explicamos en este libro. O tal vez algunas cosas fueron diferentes en tu caso porque tu herida era más leve o más grave que las que describimos aquí. ¡Descubre todo lo que puede pasar y cómo tu cuerpo es capaz de solucionarlo!

¡Por suerte, no
tenemos este aspecto!

Raspadura

¡Ay! Te has hecho una buena raspadura. Escuece un montón y está roja. Se forman rápidamente pequeños puntos rojos y aparece un líquido en la superficie. Además, ha quedado mucha suciedad. Sientes palpitar la herida y hace daño.

¿Qué pasa?

Las raspaduras duelen porque te has rasgado la capa exterior de la piel (epidermis) y han quedado al descubierto las sensibles terminaciones nerviosas que hay en la capa inferior (dermis). Estas se irritan al contacto directo con el aire o con un líquido y duelen. Como las rozaduras suelen afectar a superficies amplias de la piel, son numerosas las terminaciones nerviosas que envían un sonoro y penetrante «¡ay!» a tu cerebro, aunque la herida no sea tan grave. De la herida sale sangre y un líquido.

Estructura de la piel

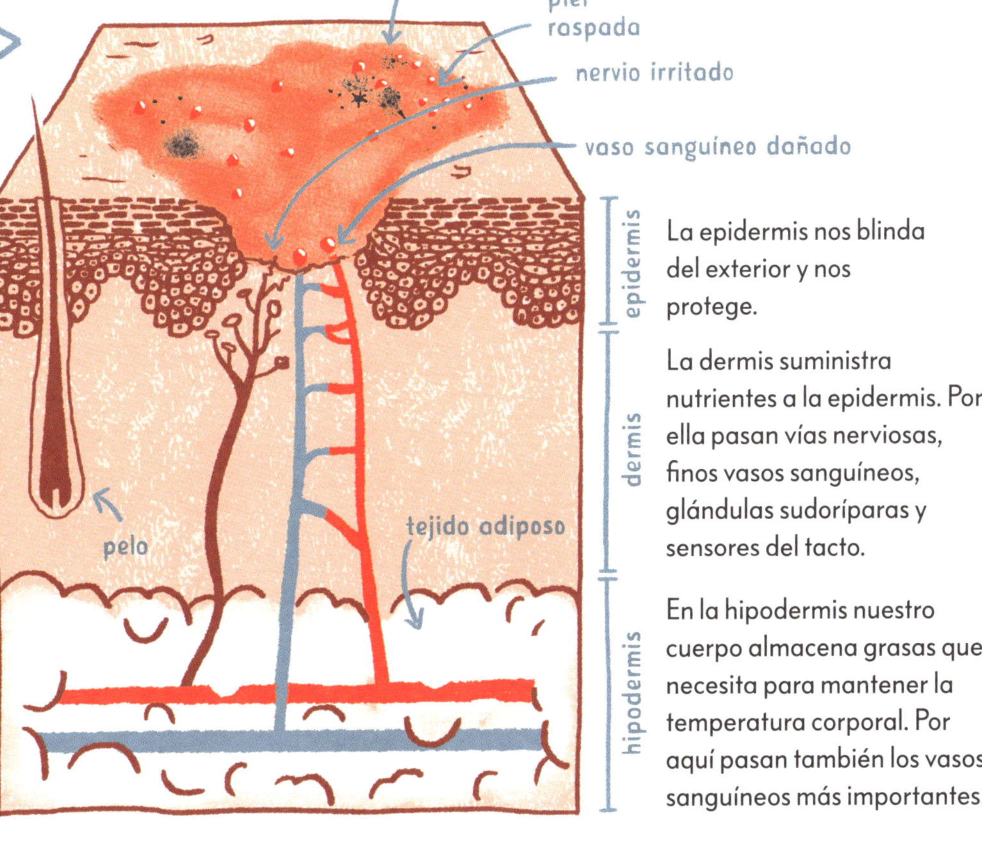

La epidermis nos blinda del exterior y nos protege.

La dermis suministra nutrientes a la epidermis. Por ella pasan vías nerviosas, finos vasos sanguíneos, glándulas sudoríparas y sensores del tacto.

En la hipodermis nuestro cuerpo almacena grasas que necesita para mantener la temperatura corporal. Por aquí pasan también los vasos sanguíneos más importantes.

¿Qué hacer?

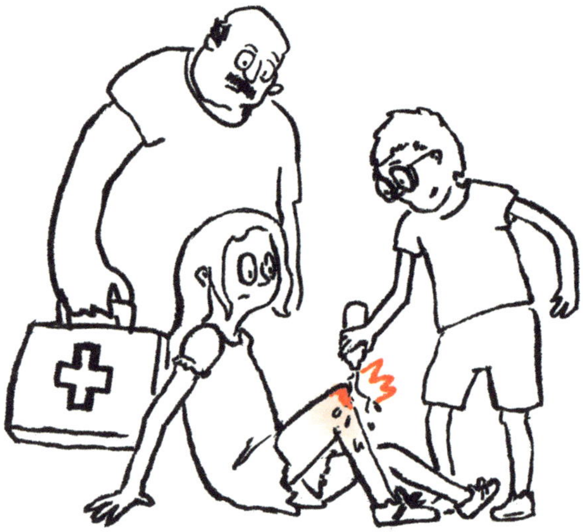

Limpiar y desinfectar

Limpia con agua la suciedad de la herida. Las piedrecitas las puedes sacar tú mismo, con cuidado, usando unas pinzas pequeñas. Con la suciedad han penetrado muchas bacterias y gérmenes que te podrían hacer enfermar. Los puedes eliminar con un espray desinfectante. ¡Tu saliva también sirve para ese propósito!

Comprobar vacunas

Aun cuando hayas limpiado y desinfectado bien la herida, la suciedad podría haberte contagiado el tétanos. Esta enfermedad se puede evitar con una vacuna. Comprueba en tu carnet de vacunación si tienes la vacuna o no.

Poner una tirita

La herida se cura mejor si permanece húmeda, y de eso se ocupa el cuerpo secretando una sustancia líquida. La tirita conserva la humedad e impide que penetren la suciedad y las bacterias. Se ha de cambiar cada dos días, más o menos.

Curación

Ya hemos superado el susto inicial y la tirita protege la herida. Observemos ahora cómo tu cuerpo se ocupa de las reparaciones necesarias.

Sale líquido de la herida

Encima de la herida se forma un líquido transparente o de color amarillento con el que se eliminan la suciedad, las bacterias y los gérmenes de la herida. Este líquido de la herida contiene anticuerpos que se enfrentan a los agentes patógenos, además de energía, nutrientes y células para reparar la piel de la herida y evacuar las células muertas.

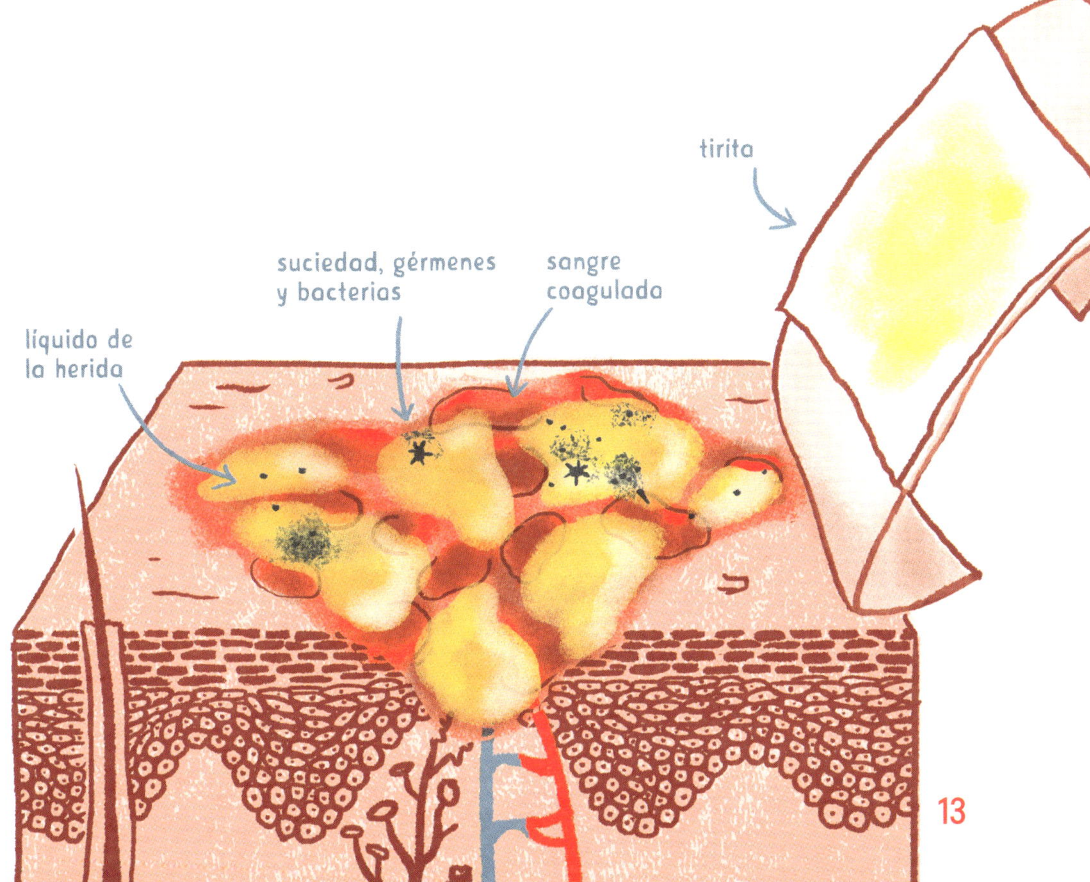

Se forma una costra

El líquido de la herida y la sangre se mezclan y coagulan. Así se forma una costra dura que tapona la herida y la protege como si fuera una tapa. El tejido dañado que queda debajo es eliminado por unas células denominadas *fagocitos*.

Se generan nuevas células

En la parte inferior de la epidermis se generan nuevas células de la piel. Estas células nuevas empujan hacia arriba las más viejas. De esta manera, se vuelven a cubrir las células nerviosas y vasos sanguíneos que habían quedado al descubierto.

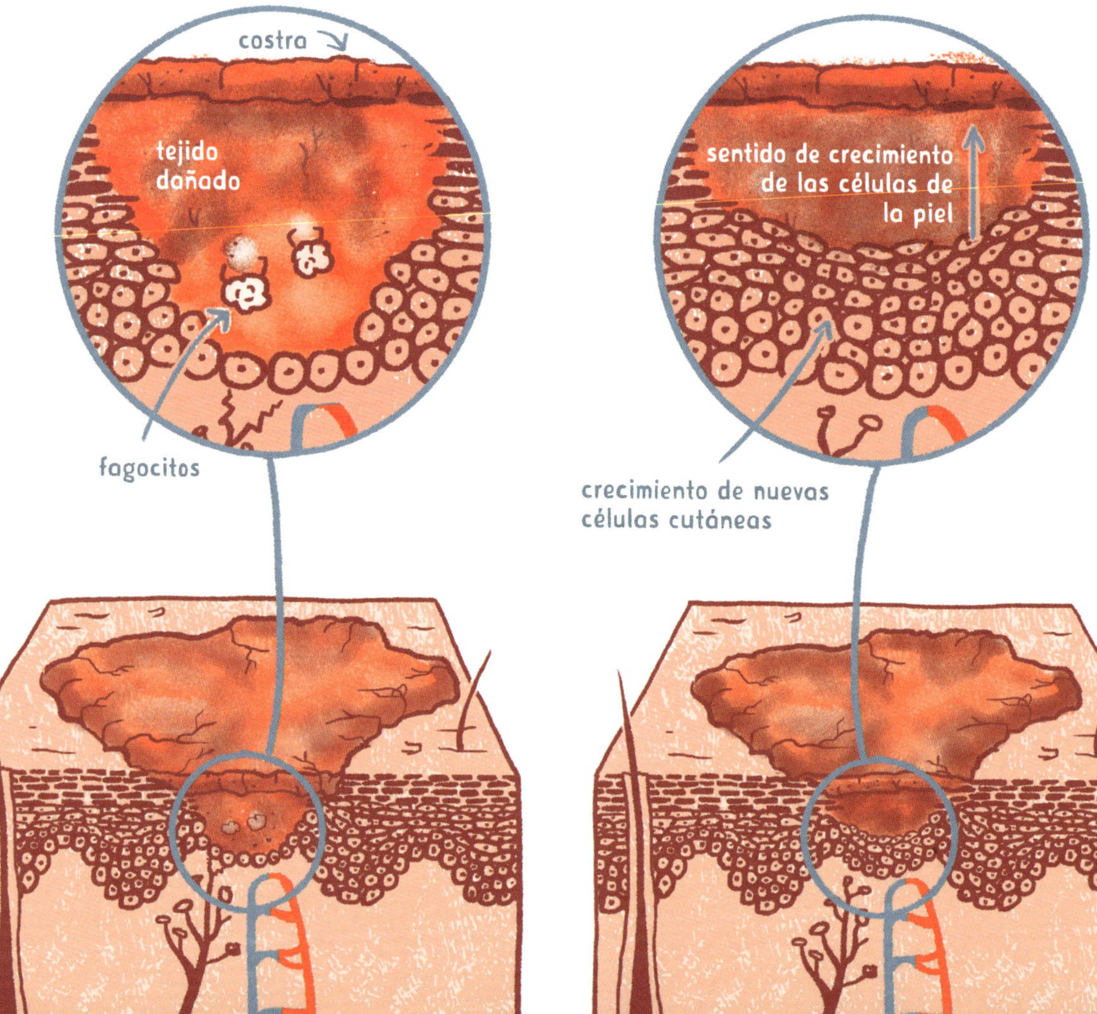

La costra se cae

Pasados un par de días, cuando ya se ha regenerado la piel, la costra se cae sola. Si la costra aún no se mueve, significa que la herida no está curada del todo, así que no te la rasques. ¡Dale a tu cuerpo el tiempo que necesite!

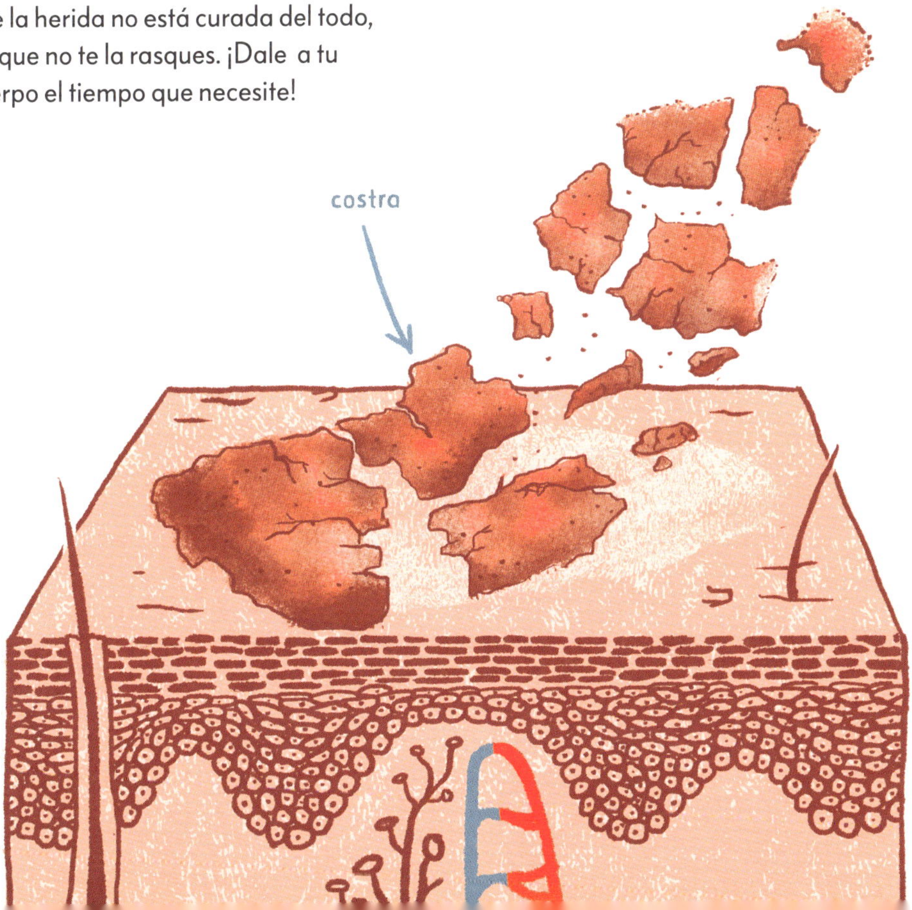

costra

Esguince

¡Ay! Te has torcido el pie y el tobillo se ha hinchado, se calienta ¡y duele mucho!

¿Qué pasa?

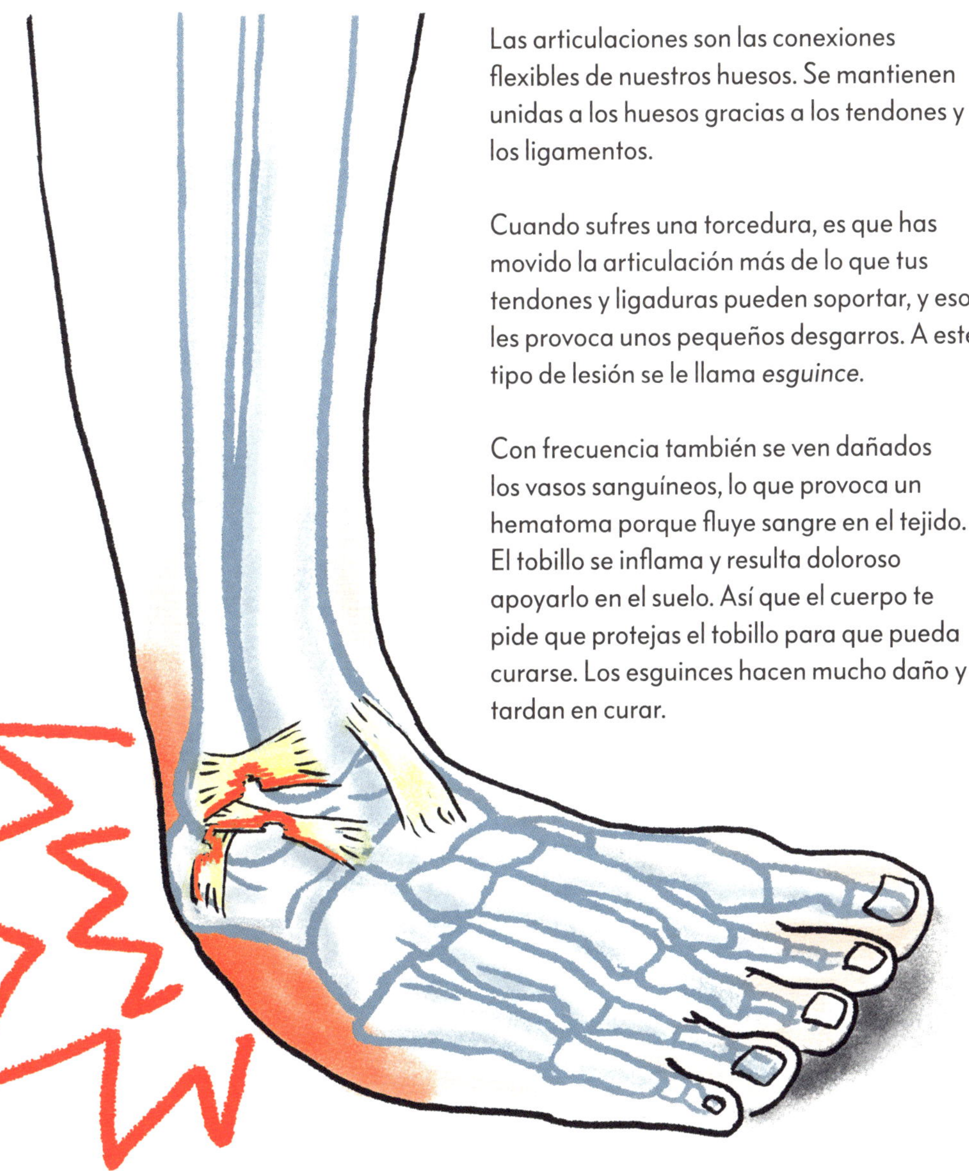

Las articulaciones son las conexiones flexibles de nuestros huesos. Se mantienen unidas a los huesos gracias a los tendones y los ligamentos.

Cuando sufres una torcedura, es que has movido la articulación más de lo que tus tendones y ligaduras pueden soportar, y eso les provoca unos pequeños desgarros. A este tipo de lesión se le llama *esguince*.

Con frecuencia también se ven dañados los vasos sanguíneos, lo que provoca un hematoma porque fluye sangre en el tejido. El tobillo se inflama y resulta doloroso apoyarlo en el suelo. Así que el cuerpo te pide que protejas el tobillo para que pueda curarse. Los esguinces hacen mucho daño y tardan en curar.

✚ ¿Qué hacer?

Mantener el pie en alto y enfriar

Puedes ayudar a que tu tobillo no se hinche tanto. Al elevar el pie fluye menos sangre al tejido dañado. Si lo enfriamos, se mitiga el dolor y, además, se contraen los vasos sanguíneos afectados y, por lo tanto, se filtra menos sangre en el tejido. Así se reduce un poco el hematoma.

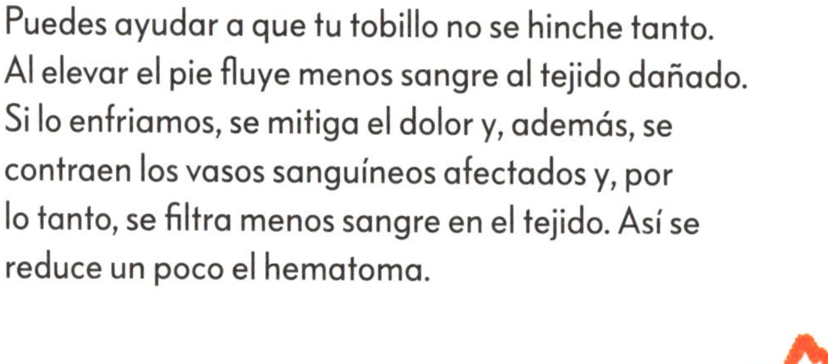

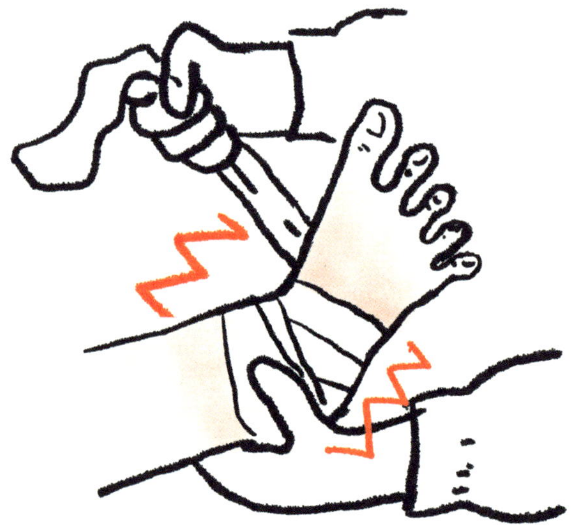

Compresión

Una venda de compresión elástica bien tensada ayuda a disminuir el derrame y la inflamación. Además, sirve para inmovilizar y hacer descansar la articulación. Pero ¡ten cuidado de no apretar demasiado!

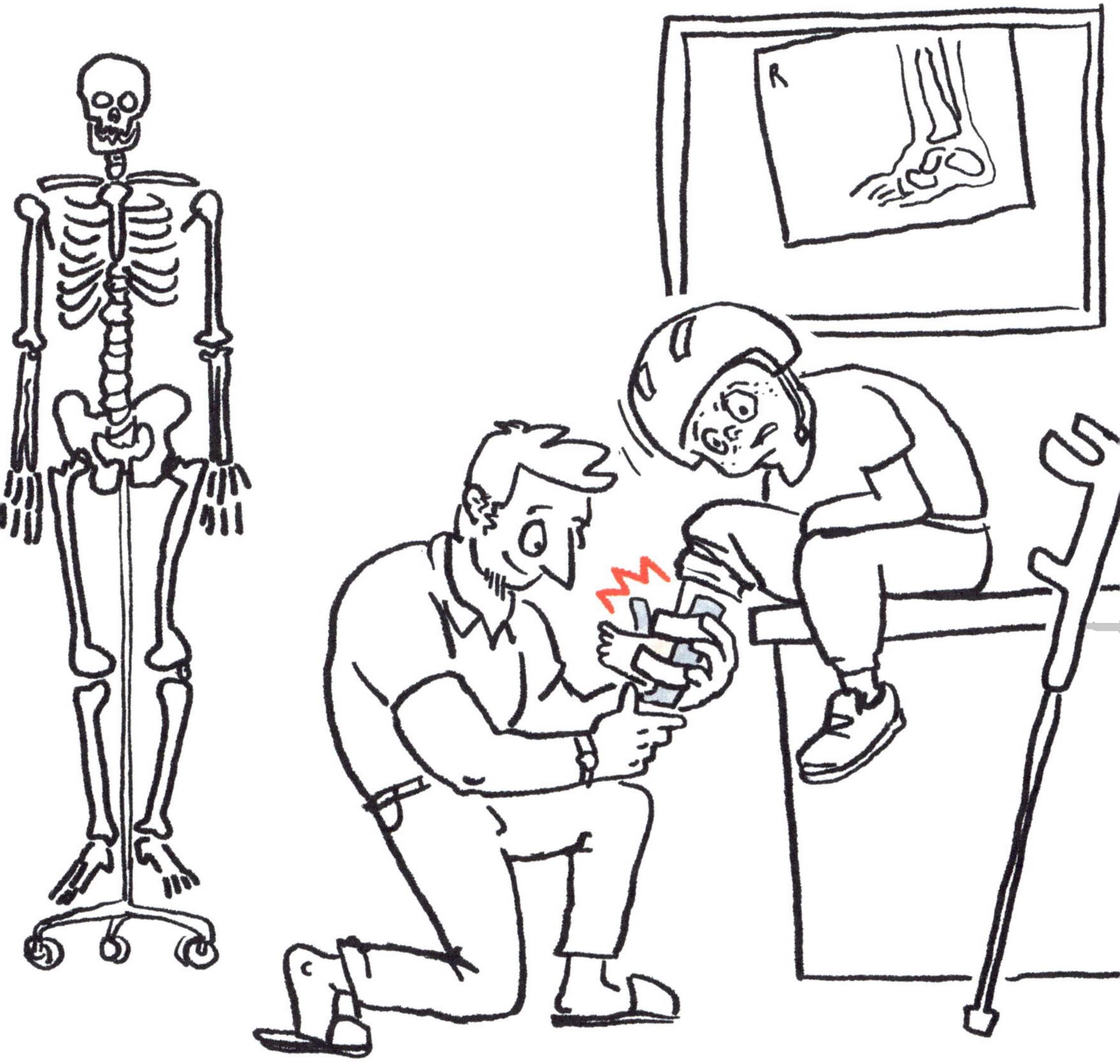

Al médico

Si el dolor no disminuye tendrás que ir al traumatólogo, es decir, a un médico especializado en lesiones óseas, musculares o articulares. Él examinará tu pie y hará una radiografía para asegurarse de que no se haya roto o desgarrado nada.

Te pondrán una férula y te darán muletas. De esta manera, cuando camines, tu articulación no aguantará todo el peso y la mantendrás protegida.

Curación

No se sabe aún mucho sobre la curación de los ligamentos. Lo que sí se sabe es que las lesiones de ligamentos tardan más en curarse que las fracturas de huesos porque los ligamentos tienen menos riego sanguíneo. Un esguince leve se puede curar en dos semanas. Uno más grave puede necesitar de dos a tres meses para sanar por completo.

Tras el accidente

Debido a la torcedura, tus ligamentos han sufrido pequeños desgarros. El tobillo se ha hinchado mucho por causa del derrame y del líquido de la herida. Es la manera que tiene tu cuerpo de transportar células y substancias a la herida para empezar con la curación.

La hinchazón disminuye

Los fagocitos eliminan los restos de células dañadas. Se forman nuevas células que rellenan las pequeñas roturas de tus ligamentos. La lesión se cura. La hinchazón disminuye y ya puedes mover el pie un poco. Se forma un hematoma alrededor del tobillo.

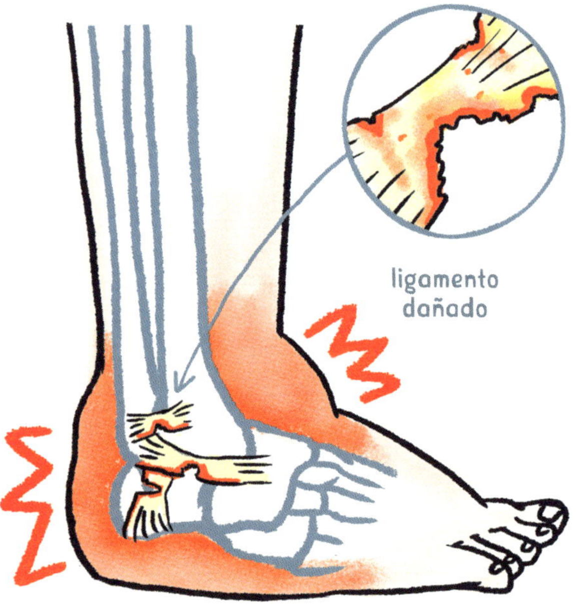

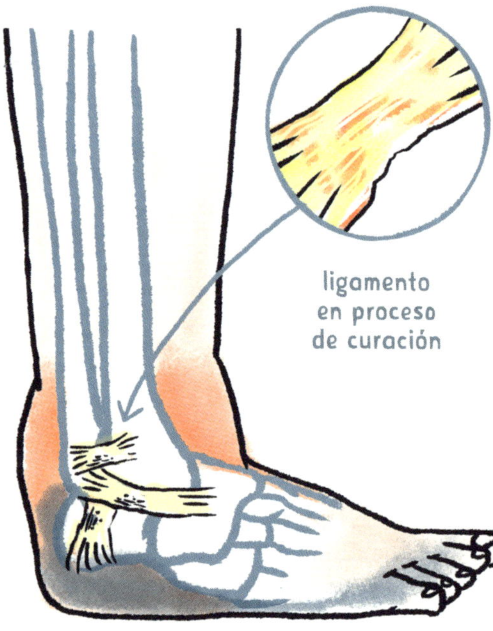

Ya está curado

El tobillo ya ha recuperado su tamaño normal. Ya no duele cuando te pones de pie o te lo tocas. Los desgarros de los ligamentos han desaparecido. Tu tobillo está curado.

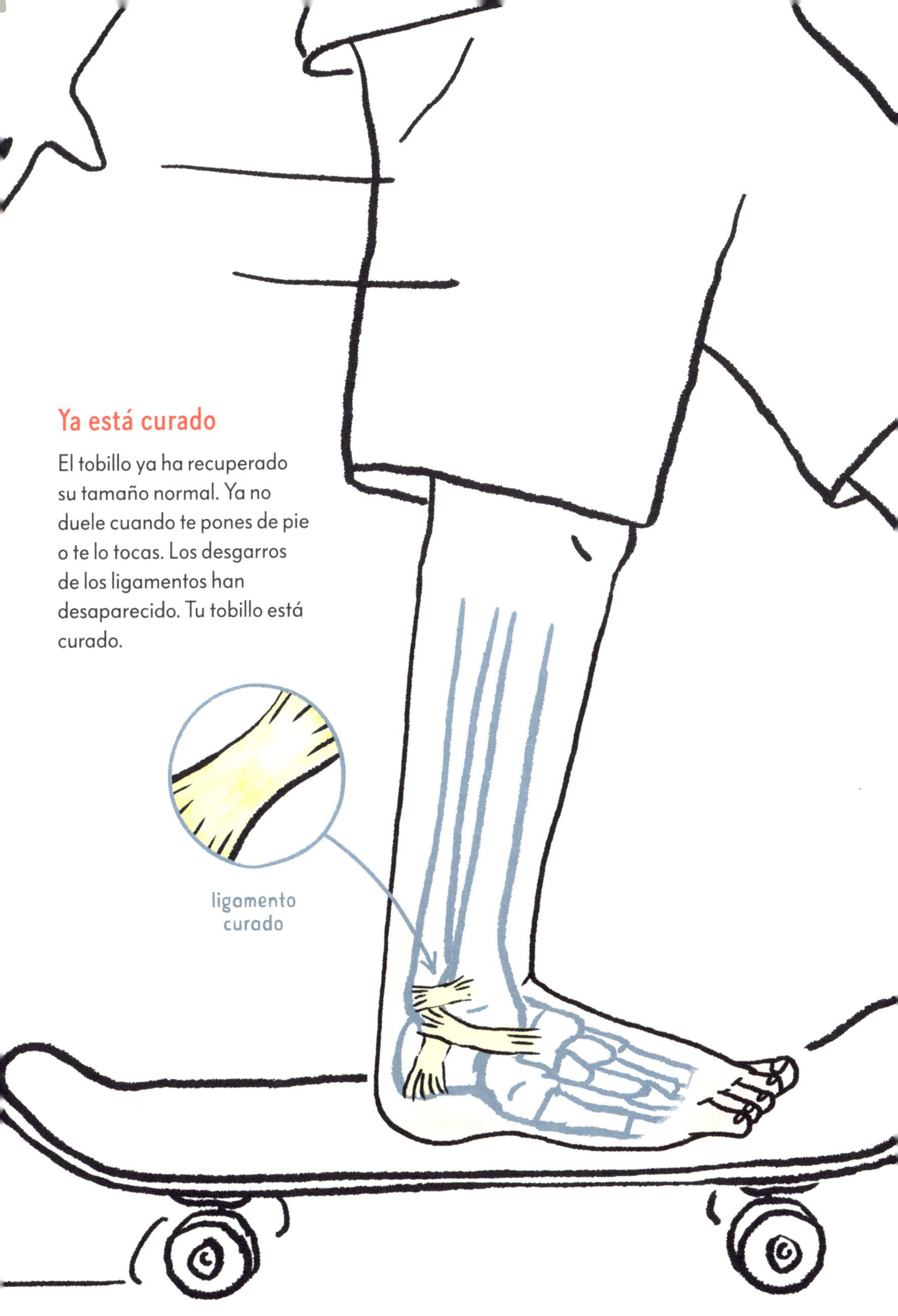

Corte

¡Ay! ¡Te has cortado un dedo! La herida duele y palpita. Sale mucha sangre, tanta que incluso gotea.

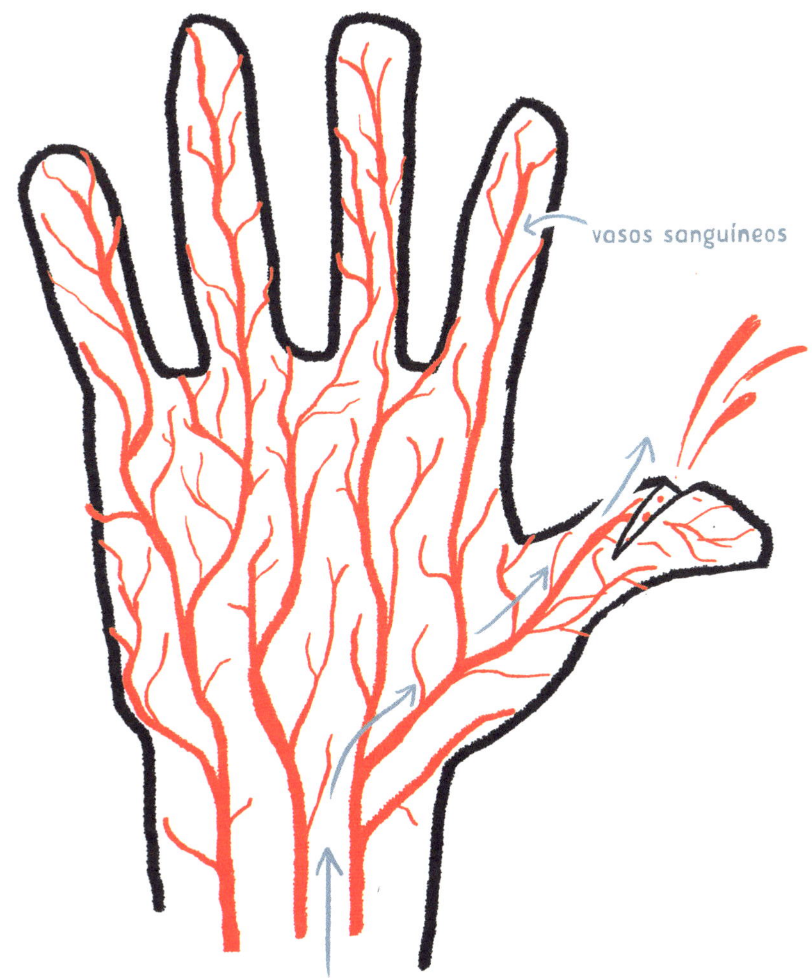

¿Qué pasa?

El corte recién hecho se abre y empieza a sangrar de manera abundante. Parece una cosa terrible, pero está muy bien, puesto que la sangre expulsa a los agentes patógenos de la herida. De esta manera, tu cuerpo empieza a limpiar la herida por sí mismo. Los vasos sanguíneos dañados se contraen para detener la hemorragia. Las heridas pequeñas dejan de sangrar enseguida. Sin embargo, si la herida ha afectado a un vaso sanguíneo grande, sangra con más fuerza y no se detiene tan rápidamente.

✚ ¿Qué hacer?

El corazón bombea sangre por todo el cuerpo y le suministra así substancias imprescindibles para la vida. Es importante que no perdamos demasiada sangre. Si una herida sangra más de diez minutos o si la sangre sale a chorros, entonces tenemos que ayudar al cuerpo.

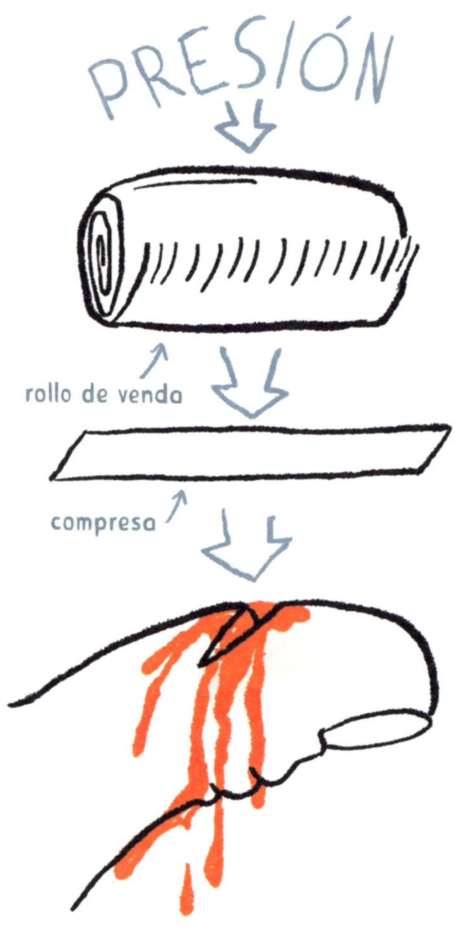

Parar la hemorragia

Así es como tienes que poner un vendaje de compresión: mantén la mano afectada en alto para que salga menos sangre. Saca del botiquín una compresa o una gasa —un paño limpio— y ponla sobre el corte. Haz presión con un rollo de venda de gasa o un paquete de pañuelos de papel.

Para que la presión se mantenga, ata un pañuelo bien fuerte sobre la herida. De esta manera, los vasos sanguíneos se comprimen y se pegan y la hemorragia se detiene.

Luego toca ir al médico para que acabe de tratar la herida.

Desinfectar

El médico saca el vendaje de compresión, limpia la herida de suciedad y elementos extraños y la desinfecta. Los bordes del corte se abren. Sin ayuda necesitaría mucho tiempo para curarse, se cerraría de manera irregular y dejaría una gran cicatriz.

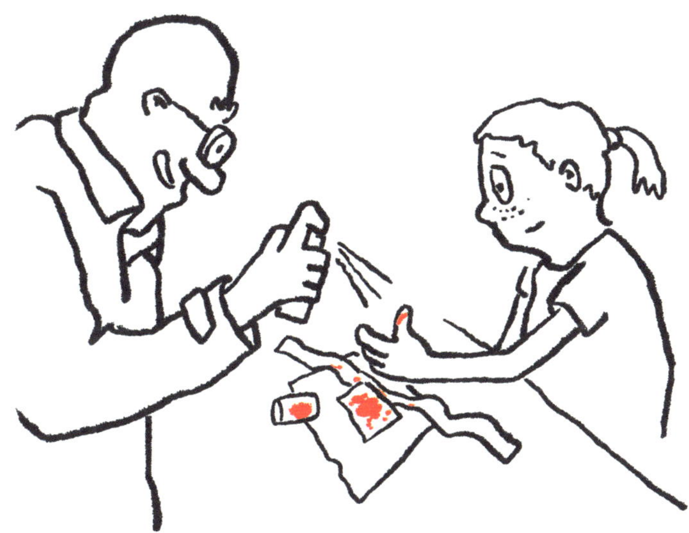

Suturar

Para evitar esto, se acostumbra a suturar las heridas con más de medio centímetro de profundidad. Primero se anestesia el dedo con una jeringuilla pequeña y luego el médico cose el corte con una aguja y un hilo especiales.

Vendar

Los puntos de sutura mantienen unidos ambos bordes de la herida para que cicatrice bien. Ahora toca poner un vendaje en torno a la herida para que quede protegida y pueda curarse. El médico comprobará en tu carnet de vacunación si tienes la vacuna del tétanos.

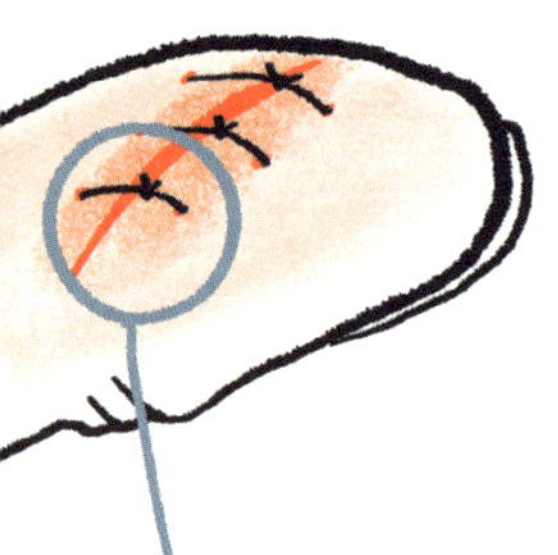

Curación

La piel se regenera y se cierra. A simple vista no podemos observar cómo sucede así que vamos a verlo de cerca haciendo un *zoom*.

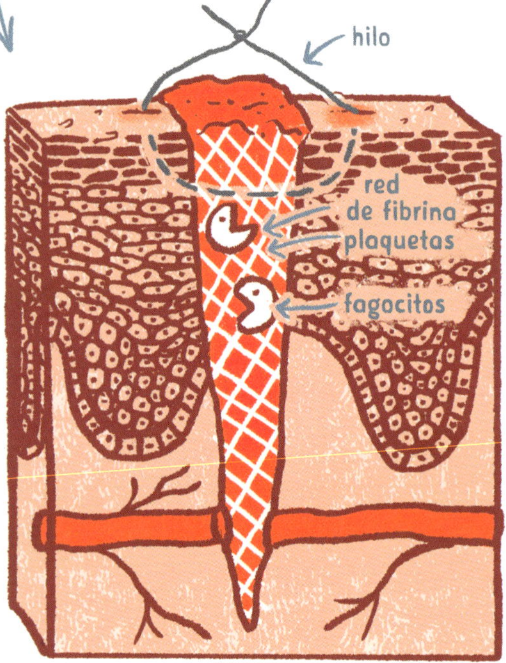

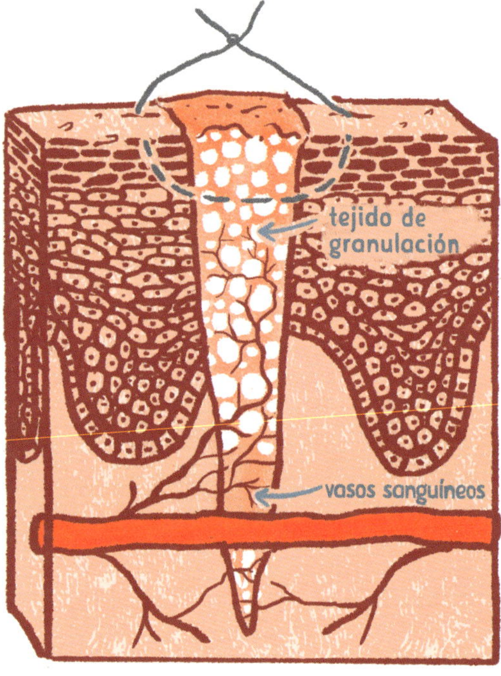

1.er-3.er día

En la sangre hay plaquetas y fibrina. Las plaquetas forman un tapón que cubre la herida. La fibrina forma una red que contrae cada vez más las plaquetas y que va cerrando la herida. Los fagocitos la limpian: se comen las células dañadas, la sangre coagulada y los gérmenes y dejan sitio al nuevo tejido cutáneo.

2.º-4.º día

Comienza la reparación. En tu herida se genera un tejido provisional, fibroso y granuloso, el *tejido de granulación*. La substancia que ha hecho de pegamento se disuelve y se forman vasos sanguíneos para suministrar los nutrientes necesarios al nuevo tejido. Por eso las heridas, mientras se curan, son de color rojo: se transparentan los vasos sanguíneos.

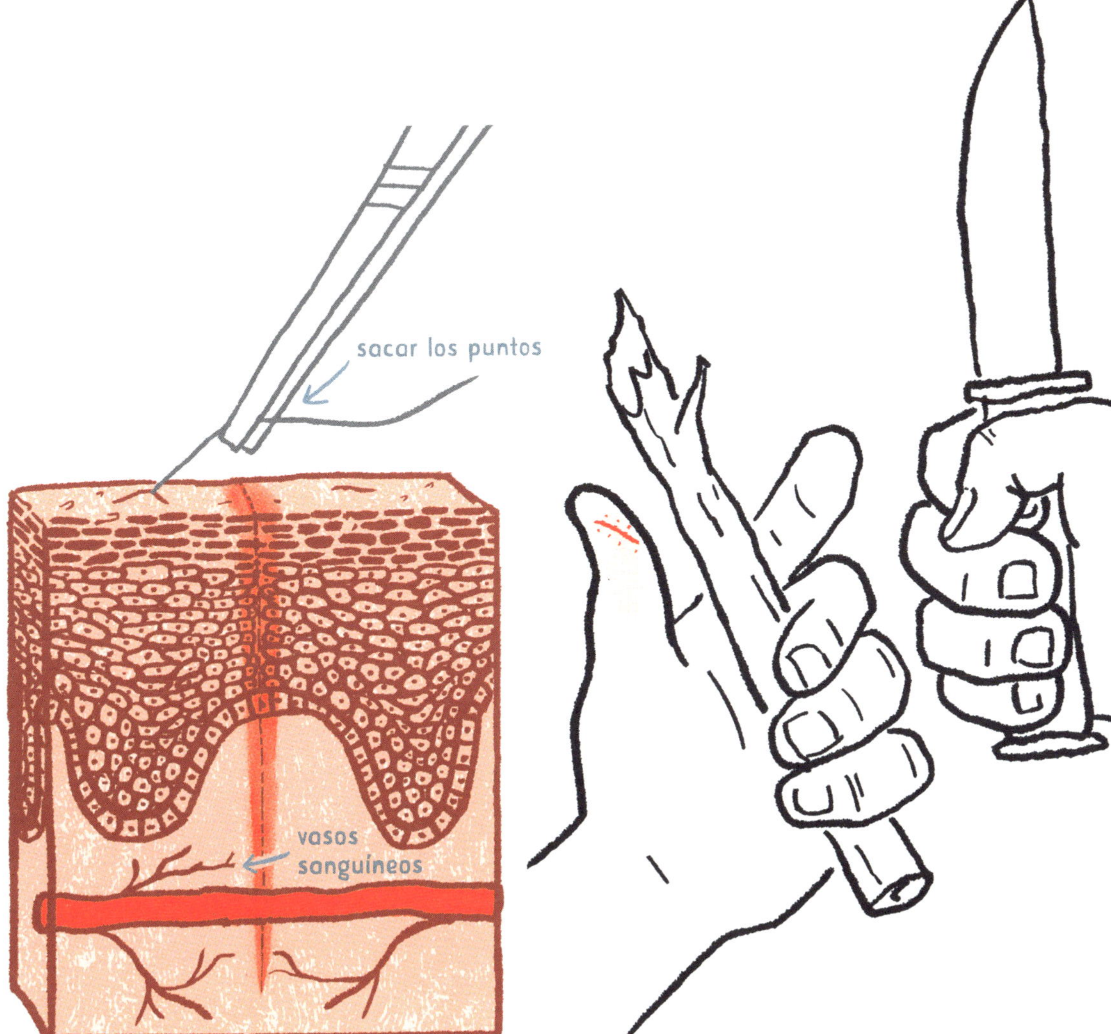

6.º-10.º día

Durante los siguientes días la herida se sigue contrayendo. Los vasos sanguíneos del tejido de granulación se retraen y este pierde agua, se hace más duro y se transforma en tejido cicatricial. Desde los bordes de la herida crecen nuevas células que la van cerrando. Ahora ya se pueden sacar los puntos de sutura.

Dos semanas después

La cicatriz fresca aún es de un color rojo vivo. Con el paso de los días, los vasos sanguíneos se retraen aún más y la cicatriz cambia de nuevo de color. Se vuelve blanca. Y así se queda y te recuerda, para siempre, las pequeñas y grandes aventuras vividas.

Fractura

¡Ay! Te duele mucho el brazo... por dentro. No te puedes apoyar en él y también te cuesta mucho agarrar las cosas. ¡Eso es que te lo has roto!

¿Qué pasa?

¡AY!

Los huesos de tu cuerpo se ocupan de que puedas sentarte, caminar y mantenerte derecho. Son muy estables y, a la vez, muy flexibles, de manera que pueden soportar los golpes y la presión sin romperse. Pero a veces una caída puede ser demasiado fuerte y el hueso se fractura.

Hay muchos tipos de fracturas. Sin embargo, en los niños y niñas la mayoría no suelen ser complicadas, puesto que sus huesos son aún muy flexibles, como pasa con las ramas jóvenes y verdes de un árbol. Por eso a este tipo de fracturas se las denomina *fracturas en tallo verde* o *de caña de bambú*. El hueso se rompe solo de un lado y, por lo tanto, se cura antes que las fracturas en las que el hueso se rompe en dos partes. ¡Has vuelto a tener suerte!

periostio
nervios
vasos sanguíneos
corteza del hueso
médula ósea
médula ósea amarilla
fractura en tallo verde

Estructura del hueso

El hueso está recubierto por una especie de piel llamada *periostio* que recorren vasos sanguíneos y nervios. Los vasos sanguíneos suministran al hueso las substancias imprescindibles para la vida y llegan hasta su interior. Aunque no lo parezca, ¡los huesos están vivos! Por fuera son duros y lisos, y por dentro tienen muchos huecos y parecen esponjas.

¿Qué hacer?

Inmovilizar el brazo

Un brazo fracturado se ha de tratar siempre en el hospital. Para el desplazamiento te puedes fabricar un cabestrillo, asegurándote así de que se mantiene estable y no se mueve nada. Toma un pañuelo en forma triangular del botiquín y haz un nudo en la punta que queda frente al lado largo.

A continuación, pon el nudo bajo el codo del brazo herido. Pasa con cuidado una de las puntas del pañuelo bajo el brazo y déjala sobre el hombro del brazo herido.

La otra punta la llevas hacia adelante, sobre el brazo herido, y la acercas hasta el hombro del brazo sano. Anuda ambas puntas detrás de la cabeza. El antebrazo y la mano han de quedar apoyados y protegidos dentro del pañuelo.

Radiografiar

Para ver si un hueso está fracturado y cómo es la fractura, la doctora tendrá que hacer una radiografía. Esto es una foto que permite ver tu interior y observar tus huesos.

En la pantalla se puede comprobar que el brazo está realmente roto. La disposición de los huesos es buena y, por lo tanto, se soldarán bien tal cual están. La doctora decide que te colocarán un yeso.

Enyesar

El yeso se compone de varias capas. Primero se pone una capa protectora de tela y, sobre ella, una capa de relleno blanda y una capa de papel crepé que lo sujeta todo. Luego se van poniendo diferentes capas remojadas de tiras de yeso o de un material sintético. Cuando el yeso se seca, se endurece y ya no puedes mover tu brazo. De esta manera, las partes del hueso se mantienen juntas hasta que se vuelven a soldar. ¿Pero cómo lo consiguen?

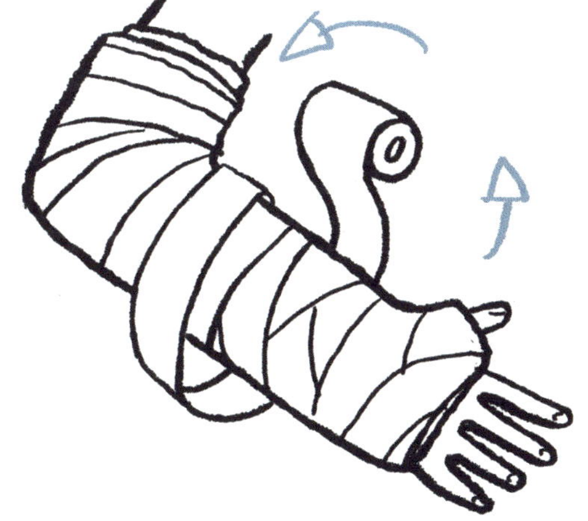

La curación

Las células de los huesos se reabsorben y se regeneran continuamente, aun cuando no se haya roto nada. El hueso, por lo tanto, tiene mucha experiencia en renovarse. En cuanto se da cuenta de que se ha fracturado, reacciona.

Pegar

Cuando se produce la caída, en la zona de la fractura se rompen algunas venitas. Sale sangre y se acumula entre los huesos afectados. Entonces intervienen unas células que convierten esa sangre en un pegamento que servirá para unir los fragmentos del hueso. Se forma así un hueso blando de repuesto.

Soldar

Unas células denominadas *osteoblastos* transforman poco o a poco el hueso blando provisional en un hueso de verdad, de calcio. Al principio se forma demasiado material óseo, de manera que el hueso se hace muy grueso en la zona de la fractura.

Limpiar y eliminar

Al mismo tiempo, otras células óseas, los *osteoclastos*, se ponen a trabajar. Hacen limpieza. Eliminan partes muertas del hueso, astillas y la materia ósea sobrante, de manera que el hueso vuelve a recuperar su antigua forma. Los vasos sanguíneos se recuperan y el hueso vuelve a tener el mismo aspecto que antes del accidente.

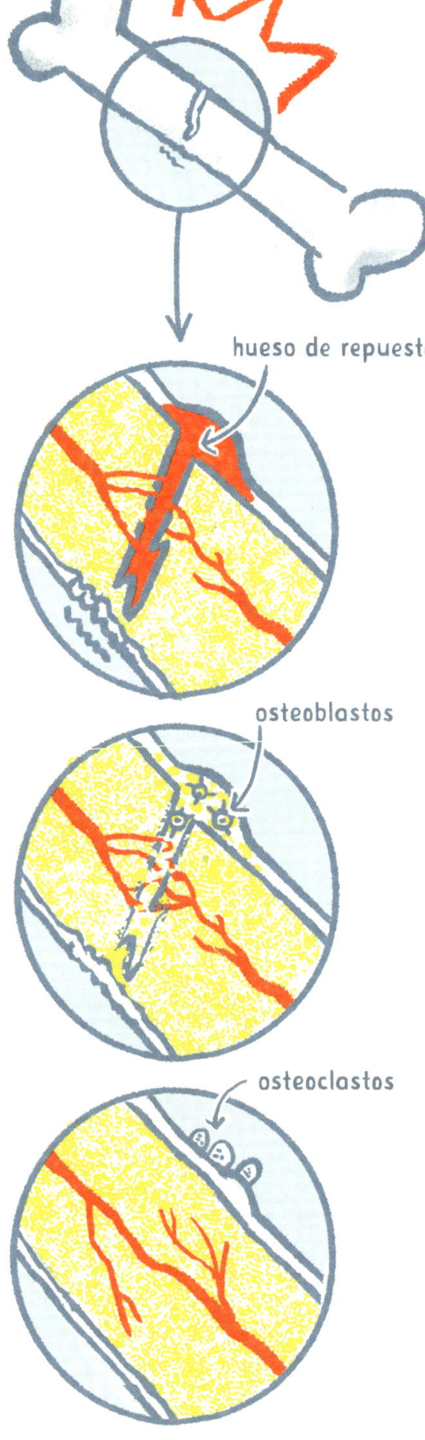

Vivir con un yeso

Para que el hueso pueda curarse con tranquilidad, se inmoviliza con el yeso. Eso es muy bueno para la curación, pero muy poco práctico, puesto que ya no puedes hacer nada con ese brazo y necesitas de la ayuda de otras personas para algunas cosas.

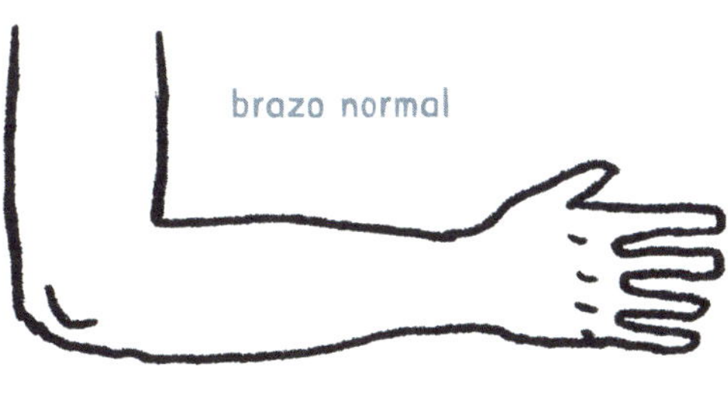

Pasado un tiempo, empieza a picar y a apestar bastante bajo el yeso, pero esa parte no te la puedes ni lavar ni rascar, lo cual resulta muy desagradable.

¡Por fin te quitan el yeso!

Transcurridas tres o cuatro semanas, liberan tu brazo del yeso. ¡Por fin! Las articulaciones están un poco rígidas y el brazo se ha quedado muy delgado. La masa muscular se ha reducido porque te has pasado mucho tiempo sin usarla. Pero esta se regenera muy rápido. Tardará unas dos semanas en ser tan fuerte como antes.

Ojo morado

¡Ay! Has recibido un golpe en la ceja. Esta se pone roja y se inflama. Y luego la piel en torno al ojo se hincha y se enrojece.

¿Qué pasa?

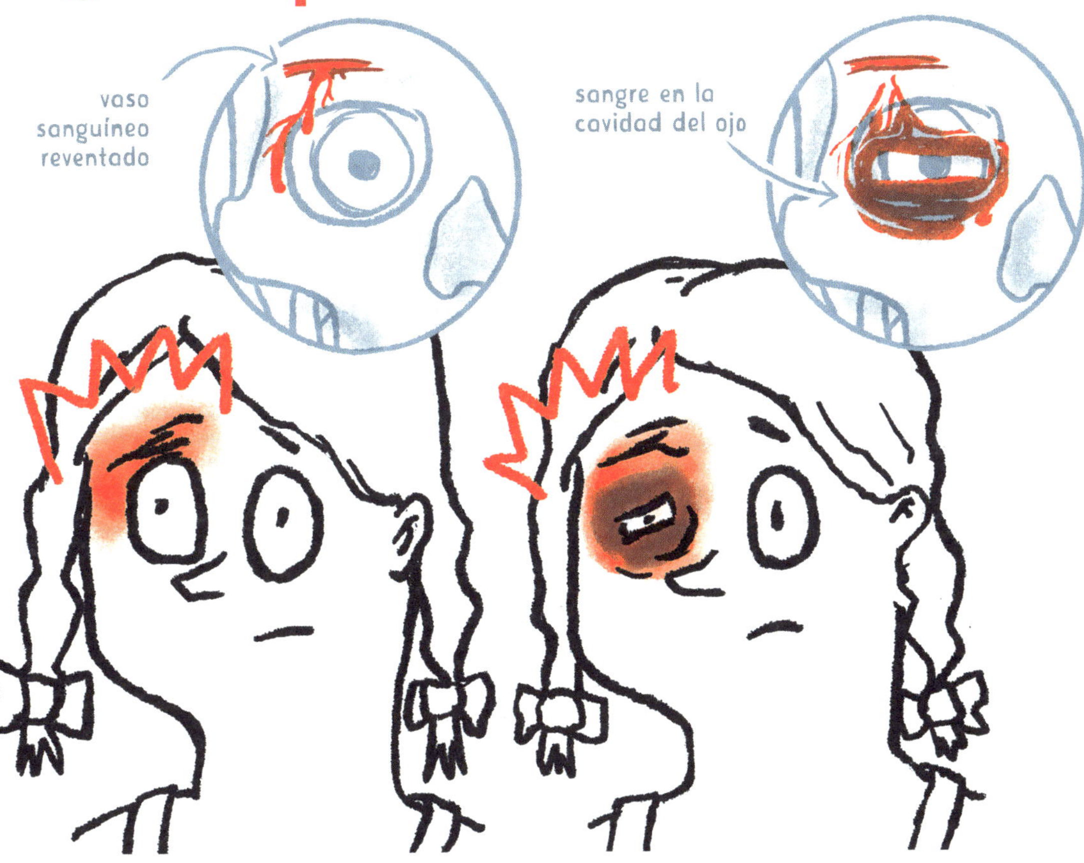

Justo después del golpe

Bajo la ceja que ha recibido el golpe, se ha reventado un vaso sanguíneo. La ceja se pone roja y se hincha al instante, puesto que ha penetrado sangre en el tejido. La piel alrededor del ojo es muy blanda y transparente. La sangre se infiltra hasta debajo del ojo y se acumula en la cavidad ocular.

Poco después

En pocos minutos no se ha hinchado solo la ceja, sino que se ha cerrado todo el ojo por la inflamación. Apenas puedes ver nada. Todo el tejido se llena de sangre y de líquido de la herida, se inflama y se abomba hacia afuera. Se percibe el color rojo de la sangre. A eso se le llama *hematoma*.

Esto es lo que pasa bajo la piel

Los vasos sanguíneos son unos tubos muy finos que hacen llegar la sangre hasta el último recoveco de tu cuerpo. La sangre contiene todas las substancias que necesita tu cuerpo para vivir. Cuando se rompen los vasos sanguíneos, tu cuerpo los repara enseguida.

Reventón de vaso sanguíneo

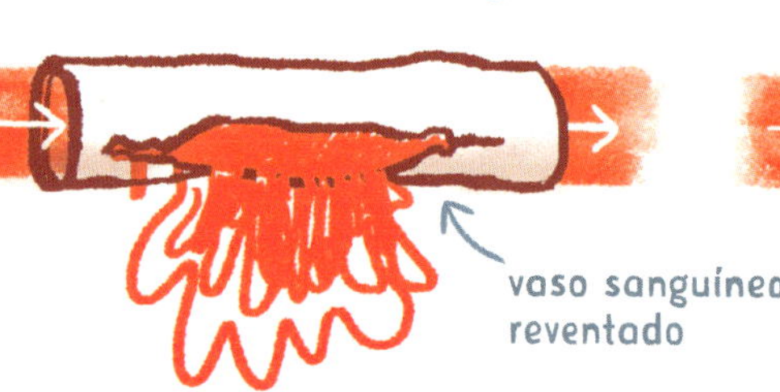

Por culpa del fuerte golpe en la ceja se ha reventado un vaso sanguíneo. Sale sangre.

El vaso sanguíneo se estrecha

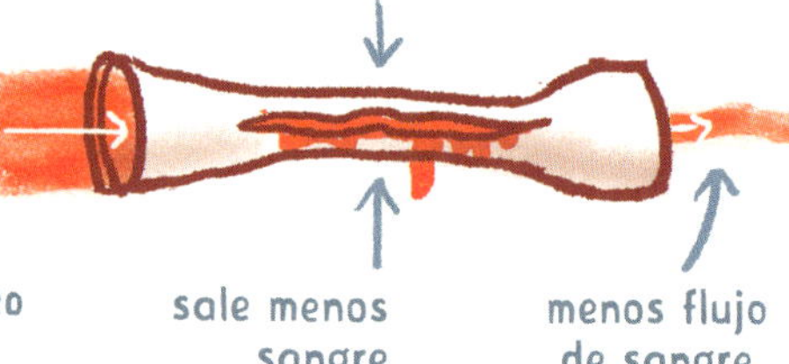

El vaso sanguíneo se contrae enseguida. Así fluye menos sangre de la vena al tejido.

Se forma un coágulo

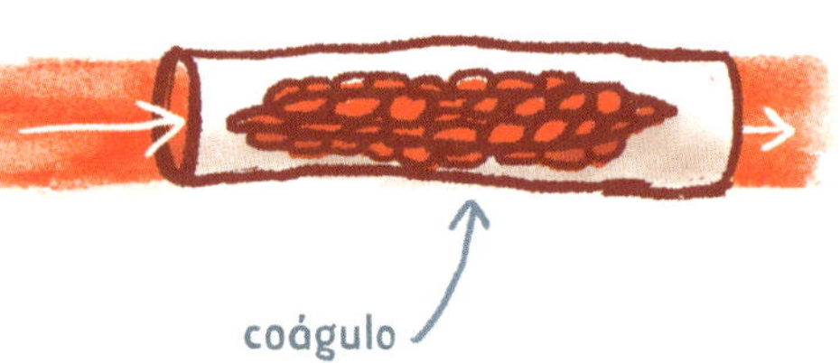

En el lugar del reventón se concentran las plaquetas sanguíneas y lo cierran con un tapón o coágulo. Deja de salir sangre de la vena, pero el tapón aún no es muy sólido.

Una red cierra la herida

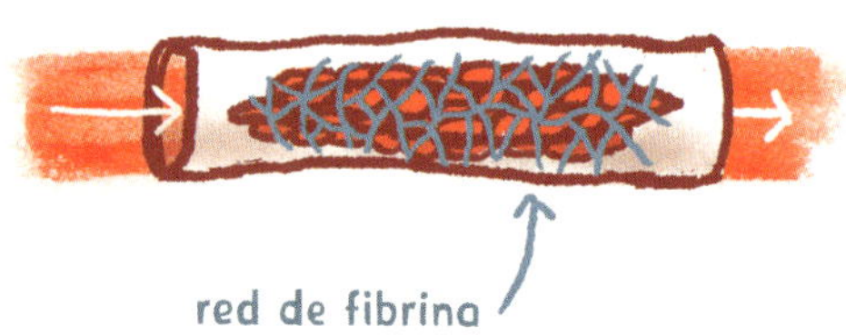

Una substancia, la fibrina, se superpone como una red sobre las plaquetas sanguíneas y las mantiene sujetas. Ahora el tapón ya ha ganado solidez y la herida se ha cerrado.

¿Qué hacer?

Intenta parar la hemorragia lo antes posible, así luego no te dolerán tanto la hinchazón y el hematoma.

Presión suave sobre el ojo

La presión impide que penetre mucha sangre y líquido de la herida en el tejido y, por tanto, que se hinche más el tejido en torno al ojo.

Enfriar

Enfría el ojo durante una media hora con una manopla o una compresa de gel fría, una bolsa de hielo o cualquier otra cosa congelada. De esta manera, se contraen los vasos sanguíneos y fluye menos sangre en el tejido. Pon siempre un trapo entre la piel y el hielo para evitar congelaciones.

Mantener la cabeza en alto

Por la noche mantén la cabeza en alto para que se pueda evacuar el líquido más rápidamente y se reduzca la hinchazón.

¡Cuidado, emergencia!

Si después de un golpe en la cabeza tienes uno o varios de los siguientes síntomas, deberías dirigirte enseguida a un médico:

– si ves doble o ves destellos;
– si pierdes el conocimiento;
– si sientes mareos o vomitas;
– si te sangra la nariz;
– si te sangran los oídos;
– si te lesionas el glóbulo ocular.

Curación

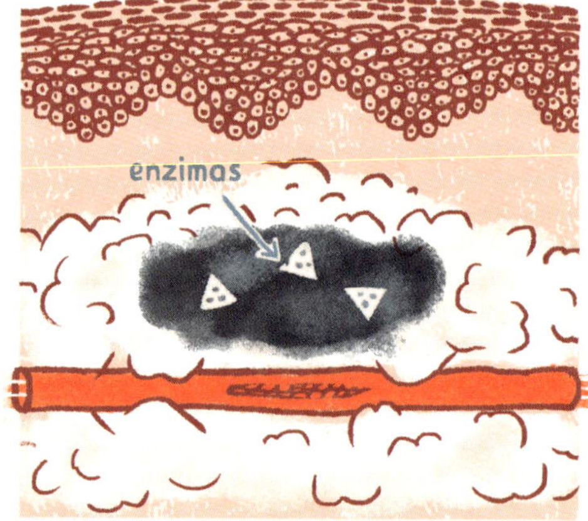

Tres horas más tarde

La sangre transporta oxígeno por tu cuerpo. Si hay mucho oxígeno en la sangre, esta se pone muy roja. La sangre infiltrada en el tejido se coagula y pierde el oxígeno y su color rojo; se vuelve azul. Se filtra líquido de la herida en el tejido, por eso tu ojo se hincha y se cierra.

Una semana más tarde

La sangre coagulada tiene que ser evacuada. El cuerpo tiene diferentes enzimas que degradan poco a poco los distintos componentes de la sangre y provocan que cambie el color del hematoma, haciéndose azul oscuro. La inflamación se va reduciendo.

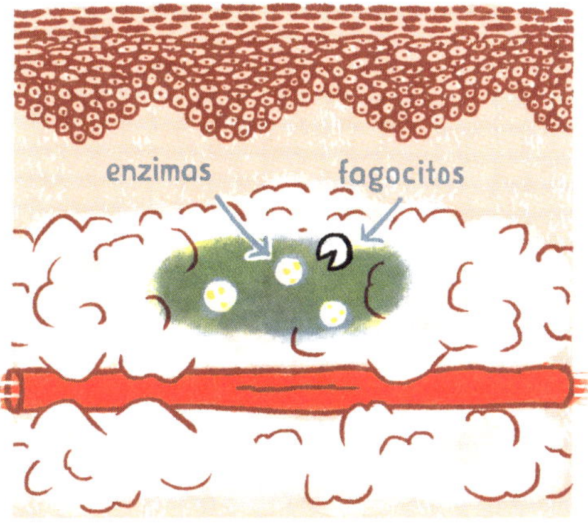

Tras diez días

La inflamación se sigue reduciendo y las enzimas y los fagocitos siguen degradando la sangre acumulada. Ahora tu ojo adopta un color verdoso. Tu cuerpo transporta los componentes degradados de la sangre a través del hígado hasta el intestino. Allí son evacuados.

Tras dos semanas

Se degradan los últimos restos de sangre y la hinchazón desaparece. En su último estadio el ojo tiene un tono amarillento que durará aún unos pocos días. El ojo morado ha desaparecido y ya puedes volver al *ring*.

Pérdida de un diente

¡Ay! Te han dado un codazo en la boca. Examinas la boca con la lengua. Hay mucha sangre y un agujero que antes no estaba... ¡Has perdido un diente permanente!

¿Qué pasa?

Normalmente de los dientes solo ves la corona. La raíz penetra profundamente en el maxilar y lo mantiene bien anclado. Vías nerviosas y vasos sanguíneos recorren la mandíbula y los dientes, puesto que estos están vivos. Si un diente salta, se rompen las conexiones. Las conexiones nerviosas rotas hacen daño y de los vasos sanguíneos desgarrados sale sangre. Donde antes había un diente, ahora hay un agujero.

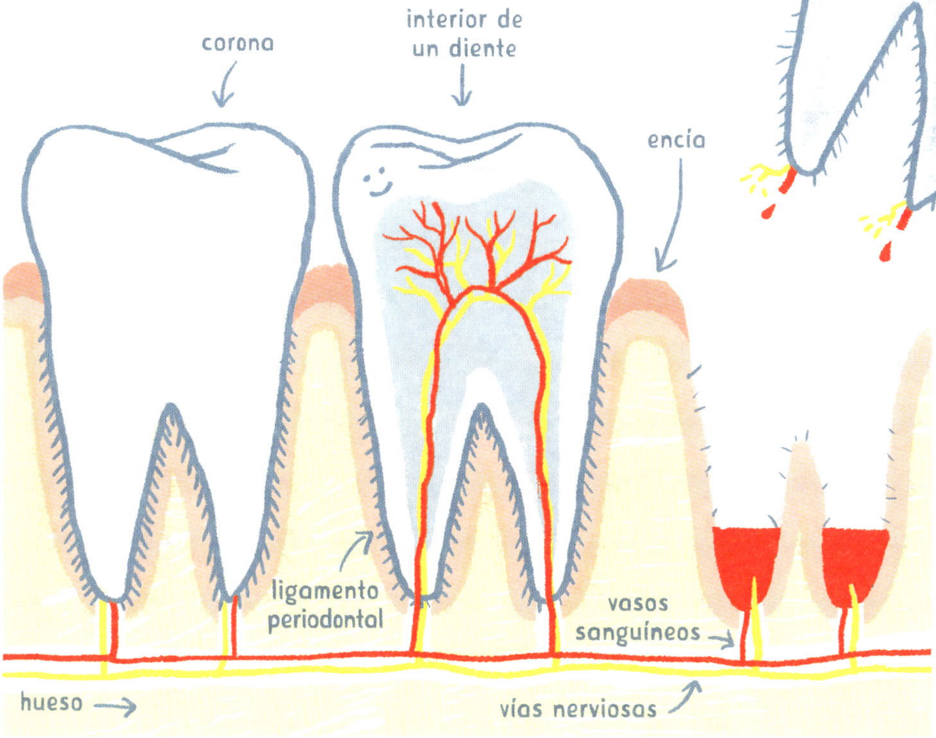

✚ ¿Qué hacer?

Parar la hemorragia

Muerde un trapo limpio sin pelusas. Si lo mojas antes con agua fría podrás parar, además, la inflamación.

Encontrar el diente

Ahora toca encontrar el diente que ha saltado. Eso igual no es tan fácil. Puede que esté aún en la boca o en cualquier otra parte. Cuando lo encuentres, aguántalo por la corona sin tocar la raíz.

Conservar el diente

La dentista puede volver a implantar el diente si el ligamento periodontal, un tejido muy sensible que rodea el diente, aún está vivo. ¡Así que en marcha, corriendo a la dentista! Para que el ligamento periodontal no sufra ningún daño adicional y no se seque, es importante conservar bien el diente para el traslado. Lo mejor sería usar un pote especial para dientes (de la farmacia) o guardarlo en un cartón de leche fría. Lleva contigo tu carnet de vacunación para que la dentista pueda comprobar si tienes la vacuna del tétanos.

Sacar el nervio

El diente ya no está vivo. Sus conexiones con el cuerpo se han interrumpido y no se pueden restablecer, y por lo tanto no puede recibir suministros. No obstante, aún hay alguna posibilidad de que el ligamento periodontal vuelva a adherirse en el hueso maxilar y lo puedas volver a usar. Eso es mejor que un diente postizo. La dentista procederá a limpiar el diente cuidadosamente con una solución salina.

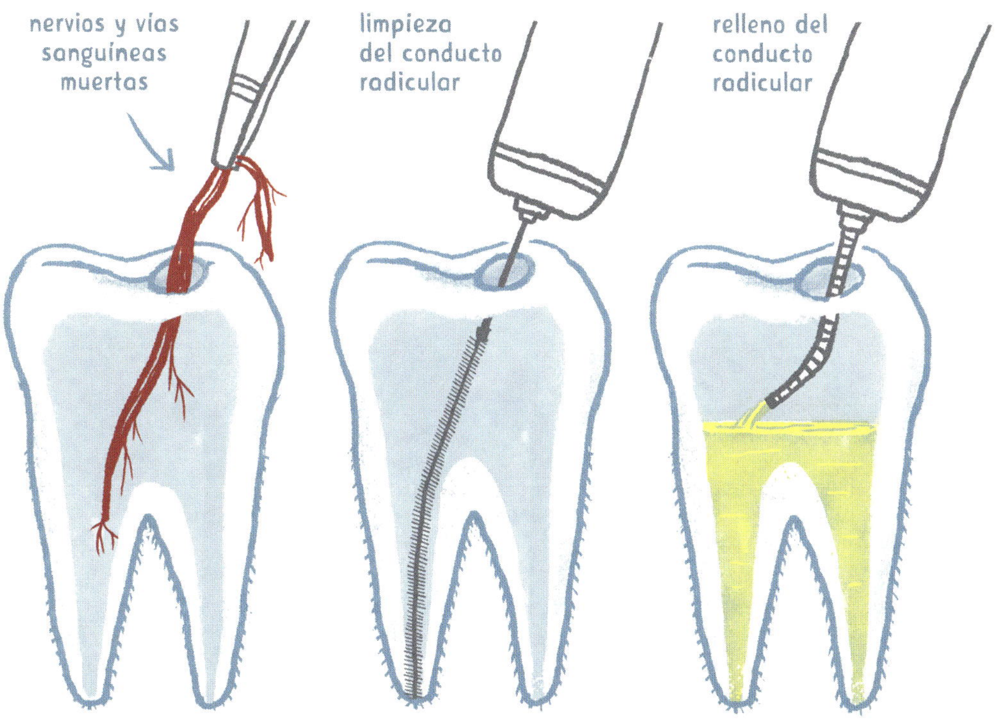

Para que no se infecte el diente en tu boca, hace un agujero en la corona y extrae el nervio dental y los vasos sanguíneos muertos.

Limpia el diente por dentro con una herramienta especial y lo irriga con un medicamento para que no se infecte.

Luego rellena el canal radicular para que en el futuro no se puedan asentar bacterias. El agujero se cierra y el diente ya está listo para ser implantado.

Inserción y fijación

La dentista coloca el diente preparado en el agujero. Para fijarlo lo une con los dientes de los lados. Así podrá curarse tranquilamente y tú podrás continuar masticando sin problemas.

Curación

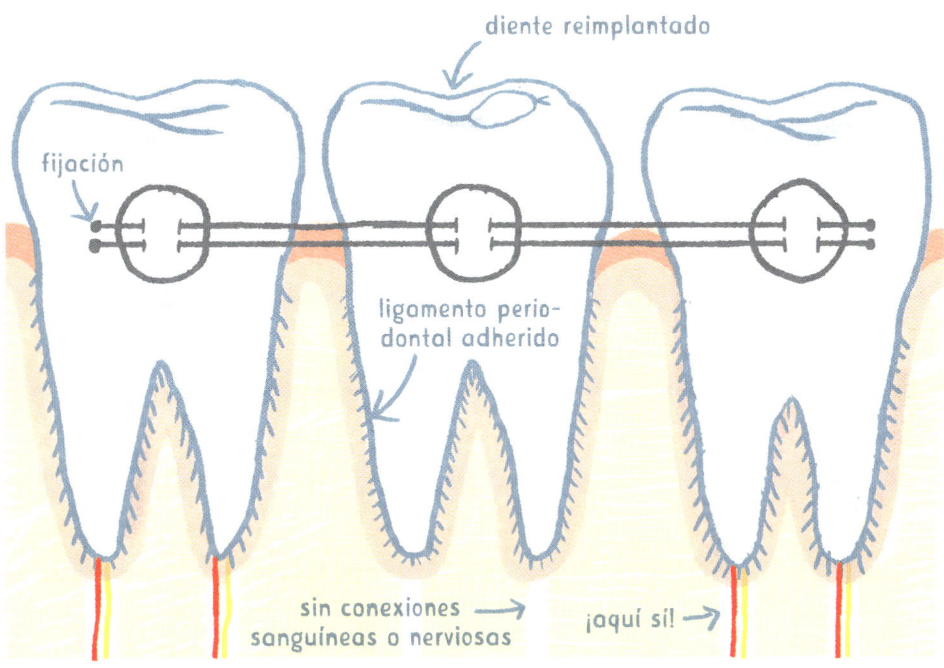

Curación de las conexiones

Con un poco de suerte, al cabo de pocas semanas los tejidos del ligamento periodontal se volverán a adherir al hueso maxilar. Con este tipo de implante, el diente queda suspendido en el alveolo dental. La unión es muy estable.

El diente está bien fijado

¡Ha funcionado! Pasadas cuatro o seis semanas se puede quitar la fijación. El diente vuelve a estar bien firme en la boca. No está vivo —y, además, los dientes permanentes no pueden volver a crecer—, pero, afortunadamente, no se mueve ni un ápice. Parece casi el mismo que antes y lo puedes volver a usar.

Conmoción cerebral

¡Ay! Te has caído de cabeza. Ves las estrellas, todo gira a tu alrededor y sientes confusión. ¡Tienes una conmoción cerebral!

¿Qué pasa?

El cerebro reposa bien protegido dentro del cráneo. Está rodeado de líquido y tiene un poco de sitio a su alrededor. El casco sirve para proteger tu cabeza de heridas graves en caso de caída. Es importante que quede bien encajado y que lo cambies después de una caída. Pero no puede evitar una conmoción cerebral, puesto que tu cerebro se mueve dentro del cráneo.

Primera contusión

Si tienes un accidente y te golpeas la nuca contra el suelo, tu cerebro choca contra la pared posterior del cráneo y sufre una contusión.

Segunda contusión

Dado que el cerebro es elástico, rebota como una pelota de goma y choca delante contra el cráneo. Sufre así también una contusión en la parte frontal. ¡Por lo tanto, has sufrido dos lesiones cerebrales a la vez!

casco

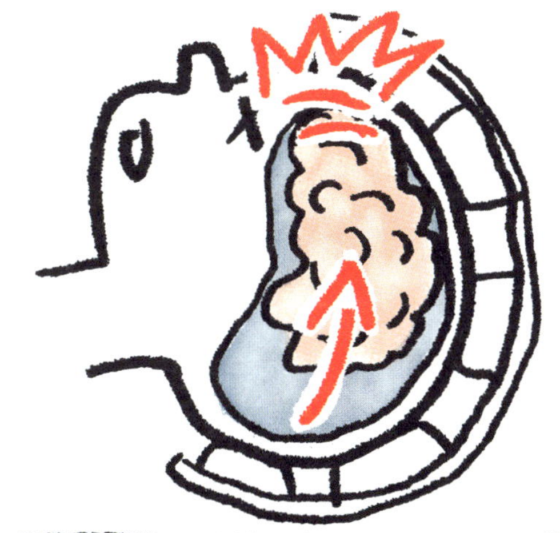

Tu cerebro se compone de un gran número de células nerviosas o neuronas. Cada neurona está conectada a muchas más. Todas las neuronas juntas conforman una maraña de redes muy complicada: tu cerebro. En las conmociones cerebrales, la fuerte sacudida y el topetazo provocan lesiones en las neuronas. Esto tiene consecuencias sobre diferentes funciones corporales.

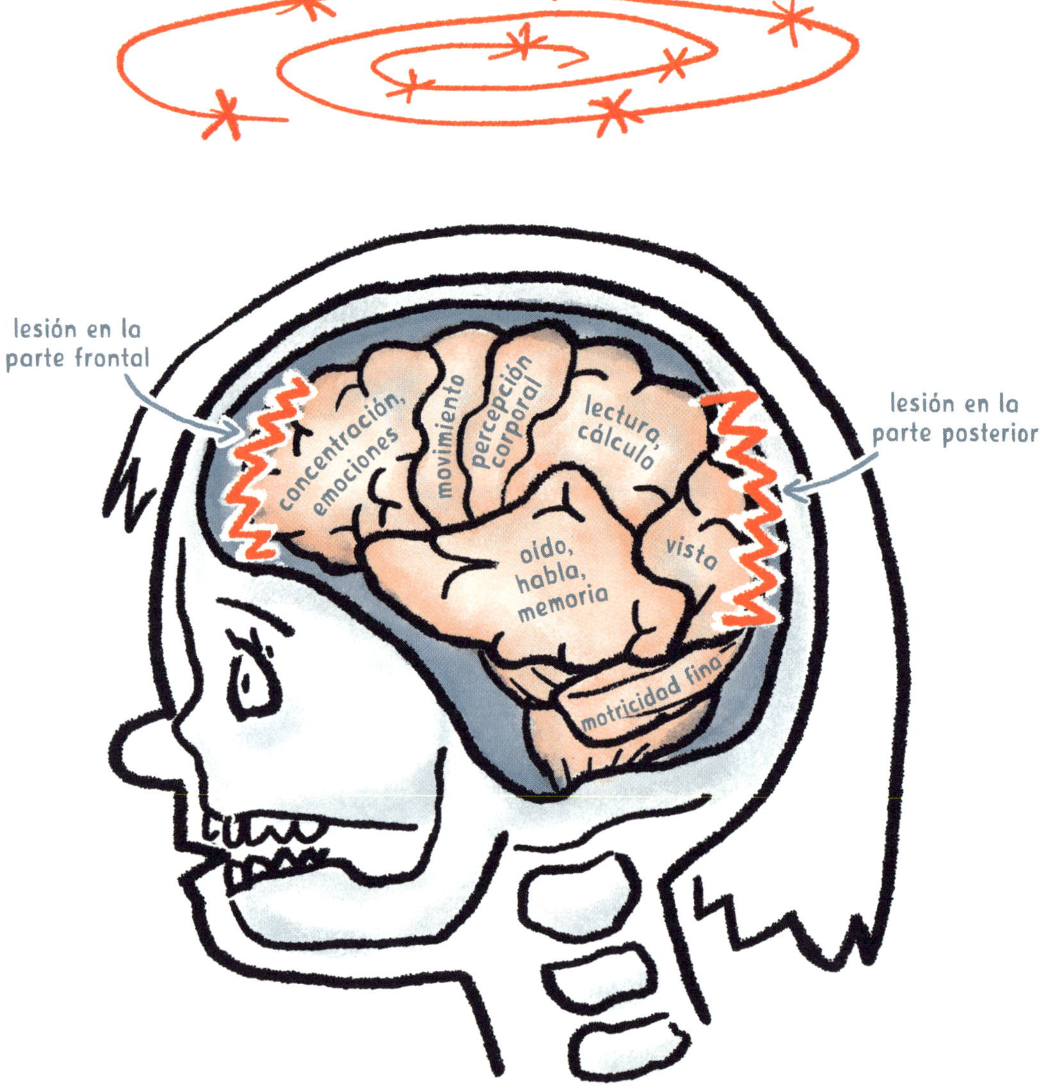

¿Qué pasa y dónde en el cerebro?

Diferentes regiones del cerebro son responsables de diferentes funciones. Según qué regiones del cerebro se vean afectadas por la conmoción cerebral, los efectos pueden variar. En la parte trasera está el centro de la vista; si sufres una lesión, puede que veas estrellitas o que lo veas todo negro o doble. En la parte frontal está el centro de la concentración; si se ve dañada, te sentirás aturdido y no te podrás concentrar.

✚ ¿Qué hacer?

El cerebro es un órgano de una importancia vital. Con él nos percibimos a nosotros mismos y al mundo. Almacena nuestros recuerdos y es la base de nuestra personalidad. Por eso tenemos que tener mucho cuidado con las lesiones en la cabeza y acudir a un médico, por seguridad.

En caso de conmoción cerebral ligera no es indispensable un tratamiento, pero sí que es necesario que la vigilemos. Si te haces una herida leve en la cabeza, haz siempre una pequeña pausa y estírate un rato. Una persona se debería quedar a tu lado y vigilar si empeoras o pierdes el conocimiento.

Las lesiones cerebrales graves son muy peligrosas, porque resultan difíciles de reconocer. Si no se tiene cuidado, pueden quedar daños permanentes o desarrollarse enfermedades muy graves con el tiempo.

Síntomas de una conmoción cerebral

Sabes que tienes una conmoción cerebral si...
... tienes pequeñas lagunas de memoria sobre el accidente.
... has perdido el conocimiento brevemente.
... tienes dolor de cabeza.
... tienes mareos o náuseas.

Atención, ¡emergencia!

Hay que llamar a emergencias si...
... te sale sangre del oído.
... pierdes el conocimiento un buen rato.
... vomitas.
... sientes confusión.

Curación

Una conmoción cerebral leve normalmente se cura sola. Dado que resulta difícil de determinar la gravedad de una conmoción cerebral, lo normal es que pases una noche en observación en un hospital, puesto que allí es más fácil de controlar lo que ocurre en tu cerebro.

Después de un accidente, tu cerebro está muy sensible. Necesita tiempo para recuperarse y tú le puedes ser de ayuda.

Refrescar y evitar esfuerzos

La contusión te ha provocado una hemorragia y un chichón en la cabeza. Lo puedes enfriar desde afuera. Tendrás que guardar reposo absoluto en la cama durante dos días. La escuela es demasiado agotadora para tu cerebro. Prefiere dormir mucho. La televisión, el móvil y los libros también le resultan demasiado agotadores.

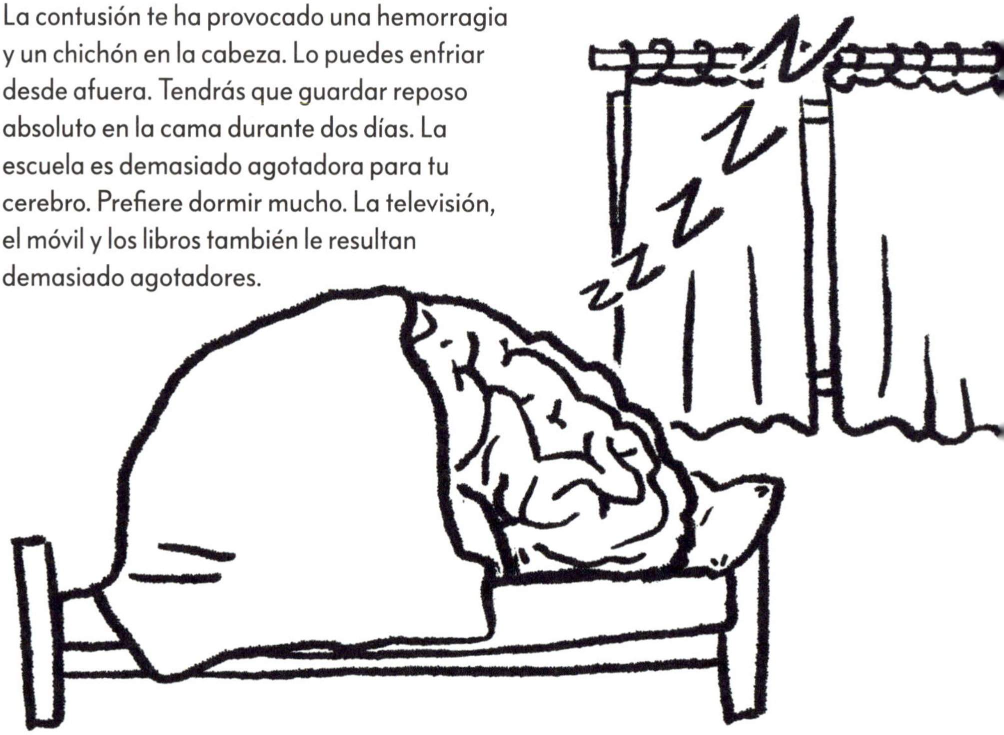

célula activa

las neuronas dañadas no pueden enviar señales

señal

¿Cómo se cura el cerebro?

El cerebro es un órgano misterioso. Sabemos ya un montón de cosas, pero todavía hay muchas otras que ignoramos. Por ejemplo, cómo se cura exactamente una conmoción cerebral.

La conmoción provoca daños en las neuronas. Las células nerviosas de los brazos y piernas se pueden regenerar, las del cerebro no. Aun así, el cerebro consigue recuperarse de la lesión. Los científicos sospechan que esto es porque otras células asumen las funciones de las neuronas dañadas.

En cualquier caso, si te cuidas, normalmente no quedan secuelas de una conmoción cerebral. Tras la curación, todo vuelve a funcionar como antes.

Guardar reposo

Si pasados dos días, te encuentras mejor, ya te puedes levantar y dar algún paseo. Pero nada de correr o dar saltos. Eso igual te resulta aburrido, pero es importante para que el cerebro se recupere del todo.

Aun cuando los síntomas hayan desaparecido tras un par de días o unas pocas semanas, tu cerebro aún no está bien del todo. Para recuperarse necesita de siete a diez días, en caso de una conmoción cerebral leve. Ese es el tiempo mínimo que debes esperar antes de enfundarte de nuevo los patines.

Quemadura solar

¡Ay! La piel ha enrojecido, está tirante y duele cuando la tocas. Y, además, pica y arde. Tienes una quemadura solar.

¿Qué pasa?

El calor del sol resulta agradable y reconfortante en la piel. Pero un exceso de sol puede provocar una quemadura solar. Esta quemadura también te la puedes provocar en la nieve, puesto que no la causa el calor del sol, sino los rayos ultravioletas o la radiación ultravioleta (UV).

Tu cuerpo reacciona a los rayos ultravioletas haciendo que la piel se vuelva marrón y gane en grosor. Es una manera que tiene de proteger las células contra estas radiaciones.

Pero en caso de un exceso de radiaciones, las células de la epidermis se ven tan afectadas que tu cuerpo las deja morir. Eso es lo que tú experimentas como una quemadura solar. Una quemadura solar, por lo tanto, es una reacción de tu cuerpo a la radiación ultravioleta.

¿Por qué tu cuerpo hace que se mueran las células? Para protegerte: los rayos ultravioletas pueden provocar cambios en el plan de construcción del núcleo de la célula. Cuantas más radiaciones ultravioletas recibas, tanto mayor será el riesgo de que el cuerpo pase por alto una célula defectuosa y continúe replicando el plan de construcción erróneo, lo que podría acabar ocasionando un cáncer de piel de consecuencias letales.

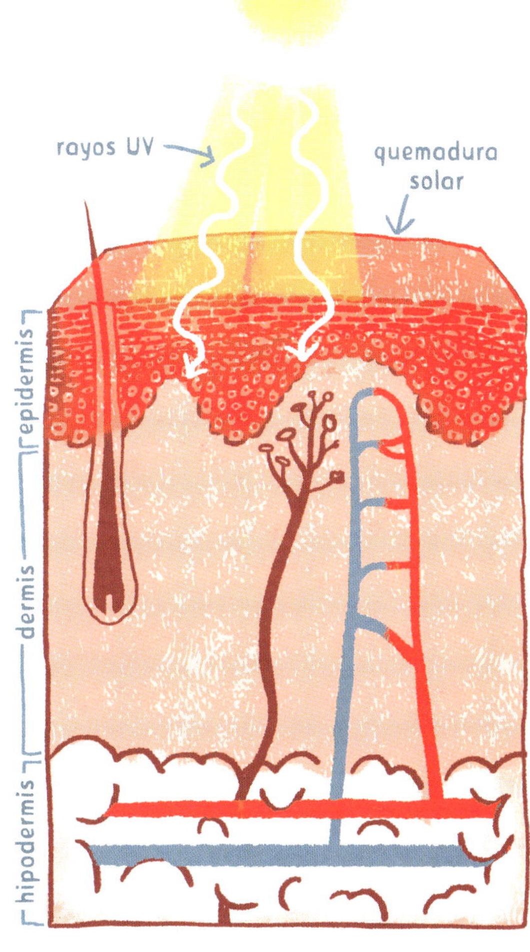

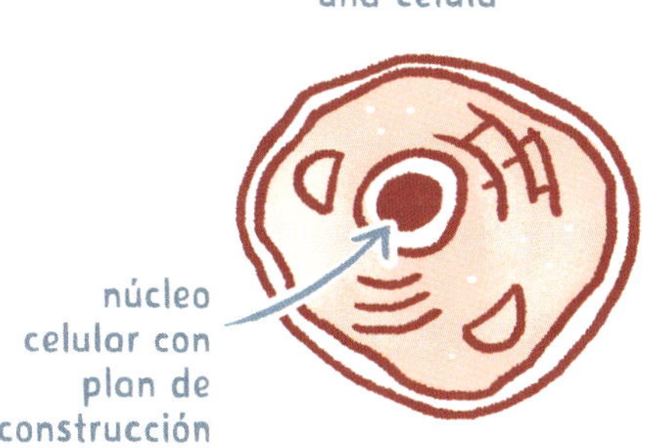

¿Qué hacer?

Buscar una sombra

¡Te has pasado! Cuando tu piel se enrojece es que ya te has quemado. Ahora solo puedes hacer una cosa: salir inmediatamente del sol y tapar la piel. Eso vale también para los siguientes días.

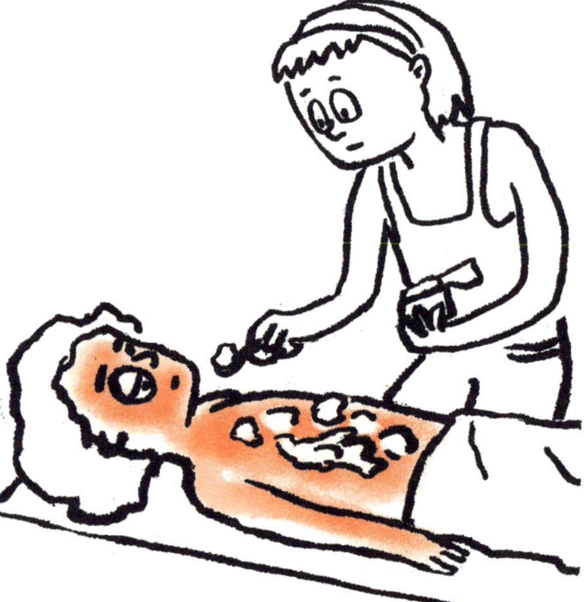

Refrescar la piel

Refresca tu piel quemada con compresas húmedas: primero con unas tibias y luego con otras cada vez más frías. También va muy bien el yogur natural o el *quark*, o una buena capa de crema hidratante.

Beber

La quemadura solar ha secado tu piel, que necesita mucho líquido. A fin de que se pueda rehacer y volver a rehidratar, deberías beber de dos a tres litros de agua al día.

Curación

Inflamación

Si tu piel ha recibido demasiadas radiaciones ultravioletas y las células se han visto tan afectadas que tu cuerpo ya no las puede reparar, este provoca su muerte. Esto lo experimentarás como una inflamación que notas en forma de enrojecimiento, calor, picor e hinchazón de la piel. Para eliminar las células muertas, el cuerpo se encarga de asegurar una buena irrigación sanguínea. De esta manera, hará llegar a la zona quemada suficientes nutrientes y células de reparación. Las células muertas son evacuadas y sustituidas por células nuevas.

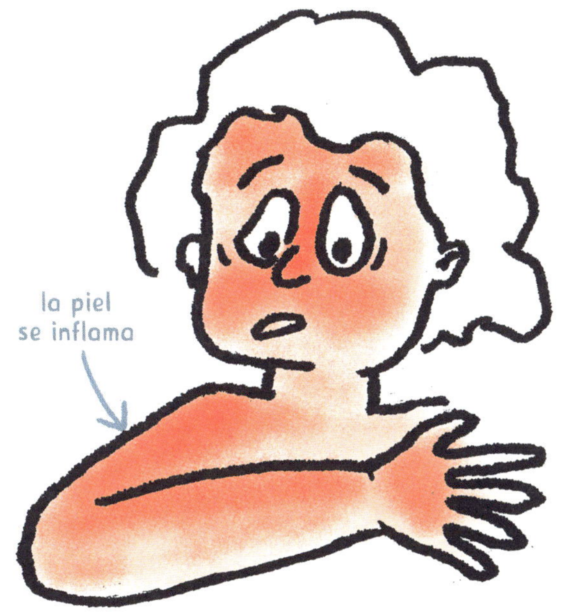

Renovación

Tu piel se pela, eso quiere decir que se está curando. Las células muertas de la piel se desprenden a jirones y son sustituidas por las nuevas células que se han formado. En caso de quemaduras graves, también se forman ampollas: muchas células son rechazadas a la vez, pierden su sujeción, se concentra líquido y se forma una ampolla. Si te sucede esto, deberías acudir al médico.

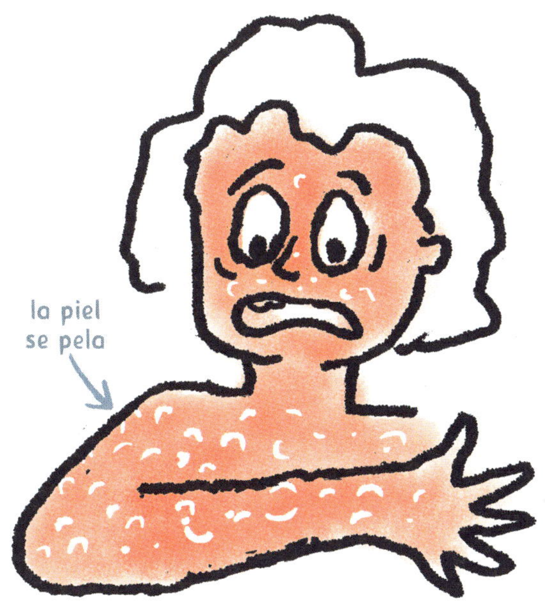

Generar nuevas células de la piel

En la capa basal de la piel, nuestro cuerpo genera continuamente nuevas células cutáneas. Desde allí se mueven en dirección a la epidermis. Cuando llegan, están tan lejos de los vasos sanguíneos que no pueden recibir suministros y mueren. Las grasas y proteínas se encargan de pegar las escamas de piel muerta. La capa superior de células muertas se desprende cuando la empujan desde abajo las células nuevas. Este proceso de renovación se repite continuamente en tu piel. Y así es como son sustituidas también las células dañadas por una quemadura solar.

Construir una capa protectora

Las células pigmentarias son células de la piel que producen una substancia de color entre marrón y negro o tirando a rojo llamada *melanina*. El bronceado de la piel sirve para proteger, como unas gafas de sol, el plan de construcción en el núcleo de la célula. Pero esta protección no es suficiente por sí misma.

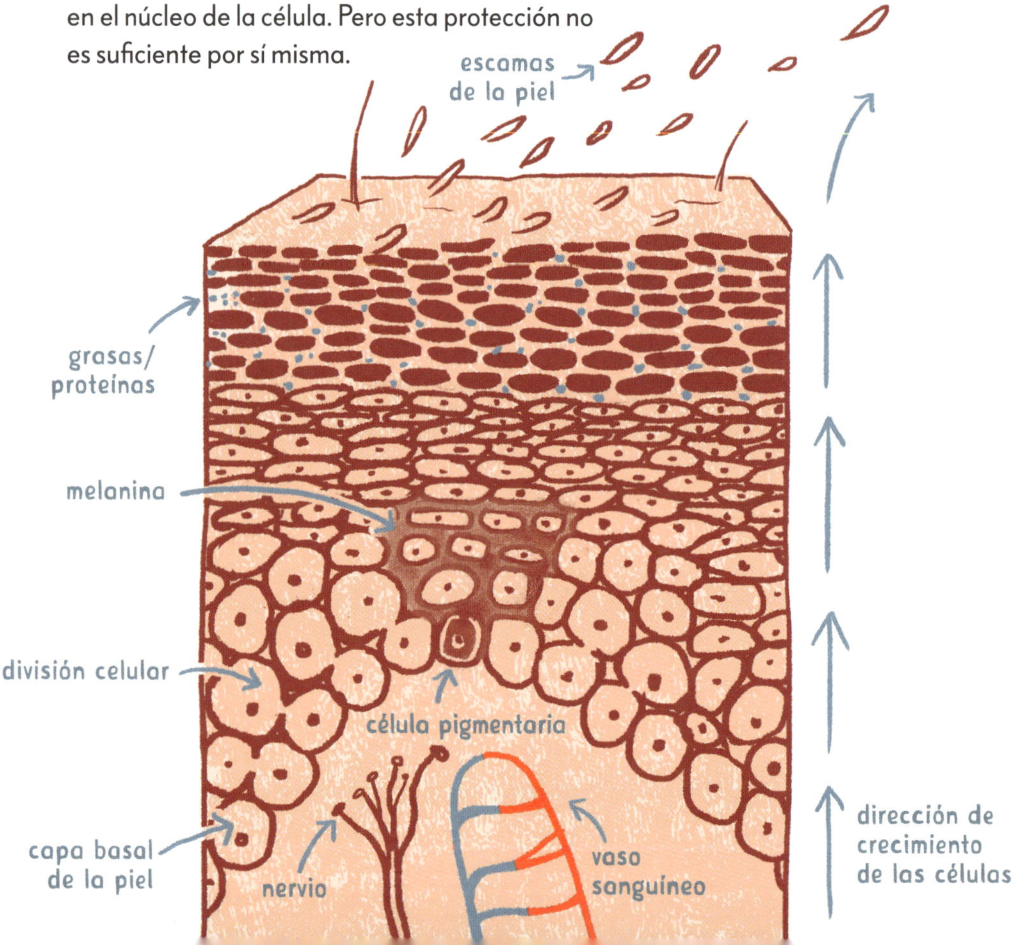

Así te proteges

Las radiaciones ultravioletas son más fuertes entre las 11 y las 15 horas. Evita ponerte a pleno sol especialmente a esas horas. Expón tu piel al sol poco a poco. Para activar las medidas de protección propias, tu cuerpo necesita de dos a tres días de tiempo.

Factor de protección 50+ para niños

Crema solar

Las cremas solares minerales (las que te ponen blanco) son de efecto inmediato. El resto de cremas necesitan de 20 a 30 minutos para poder ponerte al sol.

Ropa

Las ropas largas y oscuras y un buen sombrero son la mejor protección contra los rayos ultravioletas. Es como estar en la sombra, solo que te puedes mover por todas partes.

Gafas de sol

También tus ojos necesitan protegerse del sol. Las radiaciones también los pueden dañar. Ten cuidado de que tus gafas lleven el sello CE.

¿Es muy grave?

Cuando uno se acaba de hacer daño, no siempre es fácil determinar si es muy grave o qué se debe hacer.

Del «no es nada» hasta el «es muy grave».

Un «ay» minúsculo

Duele un poquito

A veces te haces una herida. Normalmente son solo morados o alguna raspadura. Si no duele mucho, probablemente sea suficiente con respirar hondo y tratar la herida por tu cuenta.

Un «ay» pequeño

Hace bastante daño

Pero hay otras veces en que hace tanto daño que ni siquiera eres capaz de pensar con claridad. Quizás porque te ha picado una abeja en el pie o te has pegado un golpe en la cabeza. Tal vez te sirva de alivio que te cojan en brazos. Una persona adulta puede ayudarte a tratar la herida.

Un «ay» mediano

Hace mucho daño

Hay heridas con las que tu cuerpo necesita ayuda para curarlas. Tiene que intervenir un profesional. Tal vez una doctora te tenga que coser un corte o darte un medicamento porque tu cuerpo no puede valérselas solo contra una infección.

Un «ay» enorme

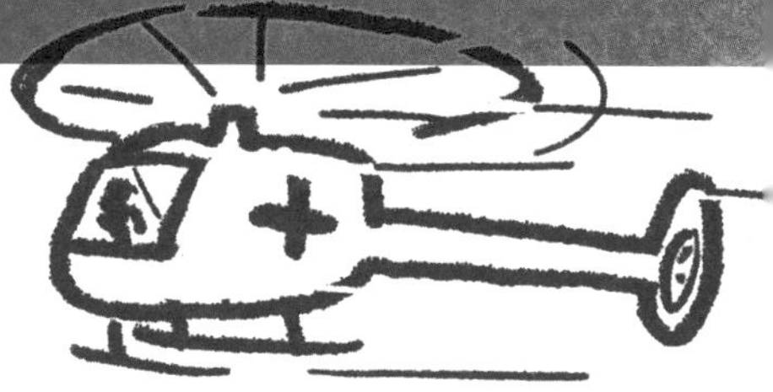

Aaaaaaaaaaaaay

A veces puedes necesitar auxilio urgente. Si has sufrido una herida grave, cuando has perdido el conocimiento, sientes grandes dolores o pierdes mucha sangre. Una ambulancia o un helicóptero de emergencia se dirigirán a toda velocidad hasta donde estés para asistirte y llevarte al hospital. Allí el personal médico y sanitario te atenderá y tratará tus heridas. Y el cuerpo se ocupará de la curación. Puesto que, como hemos comprobado: ¡en eso no hay quien lo gane!